班主任入门

入门

肖盛怀

—

著

BOOK
BY

长江出版传媒 | 长江文艺出版社

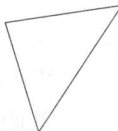

图书在版编目（ＣＩＰ）数据

班主任入门 / 肖盛怀著. -- 武汉 ：长江文艺出版
社， 2019.11
（大教育书系）
ISBN 978-7-5702-0802-9

Ⅰ. ①班… Ⅱ. ①肖… Ⅲ. ①班主任工作 Ⅳ.
①G451.6

中国版本图书馆 CIP 数据核字(2019)第 018522 号

| 责任编辑：施柳柳 | 责任校对：毛　娟 |
| 封面设计：壹　诺 | 责任印制：邱　莉　王光兴 |

出版：长江出版传媒　长江文艺出版社
地址：武汉市雄楚大街 268 号　　　邮编：430070
发行：长江文艺出版社
http://www.cjlap.com
印刷：武汉市首壹印务有限公司

开本：720 毫米×970 毫米　　　1/16　　印张：12.75　　插页：2 页
版次：2019 年 11 月第 1 版　　　　　2019 年 11 月第 1 次印刷
字数：148 千字

定价：39.80 元

目 录 | CONTENTS

第一章　如何实施班级德育

所谓德育，就是把一定社会的政治观念、思想意识、道德规范、心理素质转化为个人品质的过程。

德育的目标概括地说，是要把学生培养成为思想品德良好、政治态度正确、道德行为规范、心理素质健康的一代新人。

早在 1957 年，毛泽东就提出了我们党的教育方针："应该使受教育者在德育、智育、体育几方面都得到发展，成为有社会主义觉悟的有文化的劳动者。1985 年邓小平在全国科技工作会议上提出"四有"育人的理论，即把学生培养成有理想、有道德、有文化、有纪律的一代新人。1993 年中共中央国务院制定的《中国教育和发展纲要》第 28 条对中小学德育目标作了明确的表述，规定用马列主义、毛泽东思想和建设有特色的社会主义理论教育学生，把坚定正确的政治方向摆在首位，培养有理想、有道德、有文化、有纪律的社会主义新人，是学校教育即思想政治和道德教育的根本任务。

早在 1988 年《中共中央关于改革和加强中小学德育工作的通知》已作了规定："中小学德育工作的基本任务，是把全体学生培养成为爱国的、具有社会公德、文明行为习惯的遵纪守法的好公民。在这个基础上，引导他们逐步树立科学的人生观、世界观，并不断提高社会主义思想觉悟，使他们中的优秀分子将来能够成为坚定的共产主义者。"1995 年国家教委颁布了中小学分阶段的德育目标。

小学阶段德育目标："培养学生初步具有爱祖国、爱人民、爱劳动、爱科学、爱社会主义的思想情感和良好品德；遵守社会公德的意识和文明行为习惯；良好的意志、品格和活泼开朗的性格；自己管理自己，帮助别人，为集体服务和辨别是非的能力，为使他们成为德、智、体全面发展的社会主义事业的建设者和接班人打下初步的良好的思想品德基础。"

初中阶段德育目标："热爱祖国，具有民族自尊心、自信心、自豪感，立志为祖国的社会主义现代化而努力学习；初步树立公民的国家观念、道德观念、法制观念；具有良好的道德品质、劳动习惯和文明行为习惯；遵纪守法，懂得用法律保护自己；讲科学，不迷信；具有自尊自爱、诚实正直、积极进取、不怕困难等心理品质和一定的分辨是非、抵制不良影响的能力。"

高中阶段德育目标："热爱祖国，具有报效祖国的精神，拥护党在社会主义初期阶段的基本路线；初步树立为建设有中国特色的社会主义现代化事业奋斗的理想志向和正确的人生观；具有公民的社会责任感；自觉遵守社会公德和宪法、法律；培养良好的劳动习惯、健康文明的生活方式和科学的思想方法，具有自尊、自爱、自立、自强、开拓进取、坚毅勇敢等心理品质和一定的道德评价能力，自我教育能力。"

为全面贯彻党的十八大和十八届三中、四中、五中、六中全会精神，深入贯彻落实习近平总书记系列重要讲话精神，落实立德树人根本任务，不断增强中小学德育工作的时代性、科学性和实效性。经研究，2018 年 7 月教育部制定了《中小学德育工作指南》（以下简称"指南"）。

《指南》确定的德育总体目标：培养学生爱党爱国爱人民，增强国家意识和社会责任意识，教育学生理解、认同和拥护国家政治制度，了解中华优秀传统文化和革命文化、社会主义先进文化，增强中国特色社会主义道路自信、理论自信、制度自信、文化自信，引导学生准确理解和把握社会主义核心价值观的深刻内涵和实践要求，养成良好政治素质、道德品质、法治意识和行为习惯，形成积极健康的人格和良好心理品质，促进学生核心素养提升和全面发展，为学生一生成长奠定坚实的思想基础。

《指南》中将学段目标具体化，做了如下分解：

小学低年级

教育和引导学生热爱中国共产党、热爱祖国、热爱人民，爱亲敬长、爱集体、爱家乡，初步了解生活中的自然、社会常识和有关祖国的知识，保护环境，爱惜资源，养成基本的文明行为习惯，形成自信向上、诚实勇敢、有责任心等良好品质。

小学中高年级

教育和引导学生热爱中国共产党、热爱祖国、热爱人民，了解家乡发展变化和国家历史常识，了解中华优秀传统文化和党的光荣革命传统，理解日常生活的道德规范和文明礼貌，初步形成规则意识和民主法治观念，养成良好生活和行为习惯，具备保护生态环境的意识，形成诚实守信、友爱宽容、自尊自律、乐观向上等良好品质。

初中学段

教育和引导学生热爱中国共产党、热爱祖国、热爱人民，认同中华文化，继承革命传统，弘扬民族精神，理解基本的社会规范和道德规范，树立规则意识、法治观念，培养公民意识，掌握促进身心健康发展的途径和方法，养成热爱劳动、自主自立、意志坚强的生活态度，形成尊重他人、乐于助人、善于合作、勇于创新等良好品质。

高中学段

教育和引导学生热爱中国共产党、热爱祖国、热爱人民，拥护中国特色社会主义道路，弘扬民族精神，增强民族自尊心、自信心和自豪感，增强公民意识、社会责任感和民主法治观念，学习运用马克思主义基本观点和方法观察问题、分析问题和解决问题，学会正确选择人生发展道路的相关知识，具备自主、自立、自强的态度和能力，初步形成正确的世界观、人生观和价值观。

中小学德育大纲关于德育目标的规定是在总结以往德育工作经验的基础上，以教育学、德育学理论为指导而确定的，目标的设计体现了德育发展性精神，即注重个体德行的发展。

德育目标作为对未成年人思想道德面貌的期望，是一种教育设想、教育理想。有了这种设想、理想，不等于就能变为现实。这里涉及应然的德育目标化为实然的德育目标的问题，以及抽象的德育目标转化为具体可操作、可检测的教育行为目标的问题，为此，需要将总的目标化为分年级实施的目标，在这个意义上说，贯彻实施德育目标是一个再创造、具体化的过程。

德育内容是根据德育目标确定的，是德育目标的具体化。符合时代进步要求的德育内容，反映了社会发展和个体发展的要求。以前，我国中小学德育内容包括德育内容的主旋律（爱国主义、集体主义、社会主义）教育、基本文明规范教育、适应社会发展的现代思想与道德的培养、培养现代人的心理素质、培养发展思想品德能力、青春期性道德教育等。《指南》对德育内容进行了整合，有理想信念教育、社会主义核心价值观教育、中华优秀传统文化教育、生态文明教育和心理健康教育等内容。

班级是学校教育教学最主要最基本的单位，是学生学习的教育群体，也是教育性的生活群体。宏观社会影响通过班级传导给班级成员，班级成员在班集体中过着准社会的生活。学校是培养人的地方，是教人学会如何做人的地方，这个任务主要是通过班级来实现的。因此，学校德育，实际上就是班级德育。

那么，在班级里如何实施德育呢？班主任工作，一旦与德育连起来，大家总会感觉高大上，好像都是研究者与领导们的专利。其实，班主任工作的每一个内容都是德育，只要我们做个有心人，德育不是难事。

一、育人定位，确定目标

德育内容比较庞杂，千头万绪。人的成长需要学习的东西也很多，如何根据学生的成长需求以及教育的规律来确定德育的目标，这个很重要。有的人做了一辈子班主任工作，都没有自己的德育目标。他们根本不知道自己要培养什么样的学生，自然也不知道教学生们什么。大家说好的、必需的，他们就教；学校规定的、很应急的，他们就对付。在这样的情况下，他们就随着大众小众，想一出是一出，德育就是脚踩西瓜皮滑到哪里是哪里。

有个班主任研究者，有次到某校去调研，在校园里发现有一些学生总喜欢在校道的两边走，而且是树下或墙边等，在偏僻与阴暗的地方，躲躲闪闪的。后来他叫来了其中的几个，一问，发现这些孩子都是一个班级的，而且他们班主任就喜欢这样。是啊，作为班主任，无论我们愿意不愿意，刻意不刻意，我们都或多或少地对学生产生了影响。既然我们有如此的能耐，那为什么不能好好策划与设计，将那些美好的、充满正能量的东西传递给学生呢？

班主任明确自己培养学生的目标，我觉得这个就应该属于德育目标的定位。这不仅仅会对学生产生一个良好的影响，而且对于班主任个人带班风格与班级文化的形成有积极的作用。因此，我特别建议班主任老师要在了解自己与学生的前提下，根据学校和当地特点，在教育部中小学德育培养目标的指导下，确定好育人目标，这样，工作才会有方向，有的放矢，事半功倍。

二、落实目标，加强训练

有很多班主任经常说，我有自己的培养目标，那就是"不一定要学生成才，但一定要教学生成人"。这样的话听得太多，但是如何让学生成人，很多班主任却茫然不知道。但是他们还振振有词，十年树木百年树人，难啊。再说，培养学生成人，要教的东西太多了。也正是因为育人难，要教的东西太多，所以我们真的不知道如何去教学生做人。每每看到学生不好的行为与习惯，我们总是苦口婆心，德育没有具体可操作的方法与程序。

那么如何将一个个德育目标落实到位，真正让孩子们有改变呢？我认为，就是将抽象的目标具体化，最有效的方法就是把一个目标确定为几个具体的行动，可以操作与评价，这样，我们教育学生就有了训练的方法，日常就会有针对性地培养人了。

比如在教育学生"要爱你的妈妈"的时候，这属于"孝行教育"。我们可以将这一德育目标落实到行孝"五个一"活动：对父母说一句体贴或感激的话；为父母做一件侍奉性的事；与父母谈一次心，交流思想感情；承担一项力所能及的家务劳动；每次假日为父母制作一件节日礼物。这样，抽象的德育目标就落实到日常生活中去，让每一个学生都能做得到，还可以适当地进行评价。这样的德育就可以训练，也便于操作了。

再比如，要学生"吾日三省吾身"，属于"雅行教育"。我们也可以将这个目标落实到"六个一"活动中：每天捡一次垃圾；主动扫一次地；见面互问一声好；晚睡前互问一声晚安；每周反省一次自己的不雅举止；每月参加一次公益劳动。

这样，将德育目标落实到日常行动中，教育行为就具体化了。德育变得可以摸得着看得见，并拥有了更加丰富的内涵。

三、序列推进，层层深入

很多班主任说，我有培养目标，但在各个年级、阶段如何去做，有些模糊，导致德育成为一句空话。大家总是以"十年树木百年树人"来搪塞自己，而不去具体行动。

虽然中小学德育有目标，但是基本没有落实。小学到大学没有每个阶段的任务与目标，更没有具体的方案与措施，比较乱套。德育要根据目标有计划推进，同时在某一方面推进的时候，也应该有渐进性。比如，就以我们从小到大接受的"爱国主义教育"为例，幼儿园、小学、初中、高中等分别应该教什么？还有在小学六年，我们每年教什么？如果将这些都序列化了，我想培养方式的渐进性会让行动更加具体化，而德育也因此变得切实可靠。

同一个主题在不同时期、不同年段逐渐提高要求，形成纵向系列，如某校"爱国主义教育"系列设计：

一年级：爱红领巾

二年级：爱家人

三年级：爱学校

四年级：爱社区

五年级：爱家乡

六年级：爱祖国

这样就让"爱国"这一主题在不同的年级有了不同的内容，并且有梯级培养，更加增强了可操作性。

还有，在同一时间段，也会有不同的内容，形成横向系列，将训练内容进行延伸与拓展。比如"爱红领巾"，也应该有一个过程，像认识红领巾、争取红领巾、佩戴红领巾、捍卫红领巾等，这样就形成了一个横向系列。

下边笔者以培养学生做清洁的能力以及如何面对学校日常的检查为例进行具体说明。

七年级的孩子们有很多不怎么会做清洁，但是教室与校园每天都要清洁，而且学校还每天有检查，那么如何培养学生做清洁的能力，同时也要在检查中班级得分漂亮呢？

我除了采用讲解、示范、督促、落实等办法指导学生做清洁之外，更为重要的是，我教学生如何在清洁做得还不好的时候学会应对学校的检查。

我的具体做法就是在座位的摆放上做文章。新班组建，我就让学生分为两大组，这样就只有一个过道，座位比较密集。值日生做清洁时重点做好教室空白处即可，其他地方稍微马虎一点也无妨。检查的学生或者老师只要不仔细看，一般都没有问题。这样一般半月或者一月之后，在学生做清洁的能力逐渐增强后，就开始将学生分成三组，这样教室里的过道就增加了一条，做清洁的空间更大，更细致；再后来分成四组，一直可以到学生单人单桌。

在座位编排逐渐拉开的情况下，学生做清洁的能力逐渐得到培养，而我们在不同的阶段，都可以应对学校检查，得到一个中看的评价。

班主任老师应将德育的一个目标横向扩大，逐渐推进，让孩子们养成良好的习惯并逐渐提高做事的能力。

四、开设课程，走向专业

德育工作没有现成的教材，班主任最好自己开发，根据班级的实际情况来确定。比如在对学生进行"感恩教育"时，班主任可以先收集与感恩相关的资料，然后对学生进行教育。感恩的理由、案例、文章、歌曲、视频等都可以作为教材，班主任可以根据班级的实际情况进行取舍，最好汇编成教材，学生人手一册，那样学生就可以经常学习。每一届学生的一些实践案例与个人的事迹、感悟等都可以进行精选、汇编，供下一年使用。班主任在这样几轮的实践中，逐渐形成比较系统的德育教材，不仅方便自己，对他人更是一个绝好的借鉴。

很多班主任在做德育之前，基本上没有什么准备，很少有像对待学科一样"备课"的。因为德育的很多工作是没有教材，没有课程标准的。课程实施之后，他们更没有"课后反思"。这样不利于材料的收集、整理、积累，不利于后期的研究与提升。如果班主任老师在开展德育活动的时候，事先备个"课"，把活动的目的、重点、材料、形式、过程等都认真地思考并写下来，活动的成功率一定会更高，对学生的教育效果也一定会更加明显。活动后，留下记录文字，有回顾与总结，这样对日后工作的开展一定会有很好的借鉴作用。活动课以及很多相关的工作，都可以按照"学科"那样来做。

更为重要的是，班主任如果有"课程观"，在德育的过程中，也就是"课堂"上，我们就会去设计教学程序，选择教学方法。试想，如果在开展德育工作时，我们把每个环节都考虑周全，全方位地提升，那么长此以往，相信我们会逐渐拥有自己的德育教材，逐渐有自己的德育工作体系，或者说，拥有了自己的德育课程。这样我们就距离专业化不远了。

课程是指学校学生所应学习的学科总和及其进程与安排。广义的课程是指学校为实现培养目标而选择的教育内容及其进程的总和，它包括学校老师所教授的各门学科和有目的、有计划的教育活动。狭义的课程是指某一门学科。

我们可以根据校本、生本以及以自己为本来进行德育课程的开发，将平日感性的教育教学行为进行规范，一定可以大有作为。

如果班主任经常放电影与视频孩子们看，那就可以开发电影鉴赏课程，制订这门课程的大纲、教材、教案等，这样做不仅对自己的教育教学是一个提升，更重要的是，带给孩子们的震撼是不可估计的。

德育工作本来应该属于"课程"的范畴，只是目前大家都没有这个意识而已，希望广大的一线班主任老师努力参与到班主任德育课程的开发与实践中来，规范教育行为，实现班主任德育工作新的跨越。

五、润泽渗透，养成习惯

德育是一个春风化雨润物无声的过程，来不得半点的过激与保守，一切都要遵循学生的身心发展规律，顺其自然，才能水到渠成。

在学校德育活动、班级德育课程等的作用下，学生接受的德育都是比较大型的主题与活动。运用这些德育活动推动固然重要，但是如果没有生活中的运用和落实，德育将沦为假大空。我认为，德育要融进师生的血脉，成为我们的习惯。

(一) 营造温馨的环境

校园内的文化墙、走廊文化等设计，常常比较宽泛，甚至有些还是程式化的。而班级的布置就要落到实处，细微到具体操作，体现班级特色，对学生的言行有提醒甚至约束的作用。

教室里要利用好多媒体，进行歌曲、视频等的日常播放，在育人的前提下选好播放的内容，对学生起到潜移默化的作用。我在班级开展每周一歌，将一些积极向上的、充满正能量的歌曲，在班级里传唱，如《相亲相爱的一家人》《众人划桨开大船》《水手》《让世界充满爱》等。我还在班级播放《超级演说家》《中国梦想秀》《欢乐喜剧人》等节目，这些节目可以分解成一个个小的视频，长的二十分钟，短的不到十分钟，内容都是向上的，很适合成长中的学生观看。这些不仅丰富了学生们的课余生活，而且对他们是无声的引领。试想，教室里播放着《相亲相爱的一家人》，你会与同桌打架吗？你会与身边同学大声争吵吗？这就是德育的渗透作用，潜移默化地影响并改变着孩子们的行为习惯，将他们带到一个美好的境界。

还有很多班主任容易忽视的一个点，那就是节日文化。泱泱中华，五千年的文明古国，有春节、元宵节、三八妇女节、五一劳动节、五四青年节、端午节等，这些都是对孩子们进行传统文化和美德教育的绝佳时机。还有一些洋节气，也值得注意，不要说我们不崇洋媚外，但是孩子们喜欢。无论是国内的还是国外的节日，我们不可能都去做大型的活动，也不可能都隆重地庆祝，但是，至少在这天，我们可以提醒孩子，告诉他们该做点什么。比如，三八妇女节，别忘了对妈妈说"节日快乐"，如果你是一个用心的孩子，请为妈妈做一件让她开心的事；五一劳动节，别忘了对辛勤工作的劳动者们说一声"你们辛苦了"；端午节，我们在吃粽子、看龙舟的时候，别忘了屈原的忧国忧民；父亲节的时候，播放筷子兄弟的《父亲》，告诉孩子们回去对爸爸表达爱意……这一切都是对孩子们进行德育，不可小觑。只要班主任坚持，在这些节日文化的渗透中，孩子们就会逐渐体验到人世间最真切的情感与最美好的温暖。

无论是在物质上，还是精神上，班主任为孩子们打造一个温馨的家园，这都会充分体现出环境育人的作用。

（二）德育无小事

很多班主任面对孩子成绩下降时总是如临大敌，而面对他们的不良言行总是不以为然。"从小偷针，长大偷金"的故事家喻户晓，但是我们只当故事听听说说而已。人总是对那些暂时不能给自己带来疼痛的东西放松警惕，心想，到时再说吧，应该没事的，日后注意就是了。殊不知，这种习惯会浸入骨髓，像一个毒瘤一样，越长越大，量变到质变，最后会左右你的言行，不仅让你永远难改，更为重要的是它会一直影响你的生活，而你还觉察不到。

城里的男孩肯尼移居到了乡下，从一个农民那里花 100 美元买了一头驴，农民同意第二天把驴带来给他。第二天农民来找肯尼，说："对不起，小伙子，我有一个坏消息要告诉你，那头驴死了。"肯尼回答："好吧，你把钱还给我就行了。"农民说："不行，我已经把钱花掉了。"肯尼说："OK，那么就把那头死驴给我吧！"

农民很纳闷："你要那头死驴干吗？"肯尼说："我可以用那头死驴作为幸运抽奖的奖品。"农民叫了起来："你不可能把一头死驴作为抽奖奖品，没有人会要它的。"肯尼回答："别担心，看我的。你不告诉任何人这头驴是死的就行了！"

几个月以后，农民遇到了肯尼。农民问他："那头死驴后来怎么样了？"肯尼说："我举办了一次幸运抽奖，并把那头驴作为奖品。我卖出了 500 张票，每张两美元，就这样我赚了 998 美元！"农民好奇地问："难道没有人对此表示不满?"肯尼回答:"只有那个中奖的人表示不满,所以我把他买票的钱还给了他!"许多年后,长大了的肯尼成了安然公司的总裁。

有人说,肯尼是天才,一头死驴就赚了这么多钱,怪不得日后能成为公司总裁。但是大家万万没有想到的是后来公司破产了,而致命的原因就是不守诚信。如果你知道这个故事,或许会觉得安然的破产不是一件偶然的事情,因为肯尼的不诚信造就了安然的企业文化。

这就是"德"!班主任看到孩子们身上存在的问题,就要提醒、引导、训练、监督,只有日常这样进行德育,才可以让孩子日后逐渐远离"失德"行为。至于"德"究竟有多么重要,我不想赘述,古今中外的名人先贤有太多的言论流传,总之,德育是一件关乎国计民生的大事,班主任一定要慎之又慎。德育无小事!

道德衰亡,诚亡国灭种之根基。—— 章炳麟

如果良好的习惯是一种道德资本,那么,在同样的程度上,坏习惯就是道德上的无法偿清的债务了。—— 乌申斯基

如果道德败坏了,趣味也必然会堕落。——狄德罗

勿以恶小而为之,勿以善小而不为。惟贤惟德,能服于人。——刘备

教育的唯一工作与全部工作可以总结在这一概念之中:道德。——赫尔巴特

(三) 无处不德育

在应试教育猖獗的今天,考试、排名、分数、补习等带给人的压力无处不在。德育效能的滞后性,足以让大家忽略它的存在。而恰恰是与学习无关的事情,才是学生们永远记得的。爱因斯坦曾经说:"所谓教育,应在于学校

知识全部忘后仍能留下的那部分东西。""知识忘光后仍能留下的那部分东西",只能是能力、素质,这或许就是"德"的内涵。

学生们还小,意识不到"德育"的重要,而我们成年人应该有太多的教训与感悟,我们应该时时处处对学生进行德育的引领,规范他们的言行,优雅他们的生活,提升他们人生的品质,让他们朝着真善美的方向自信地前进。

在德育的践行过程中,除了学校的、班级的德育目标和平时大型的主题活动之外,更为重要的是班主任的随时提醒、同学之间的相互督促以及个人的及时反思。这样,学生个体才会逐渐在美好的环境中形成良好品行,做一个有"德"之人。

班级德育,就是在班主任与任课教师的引导下,配合家长,一起对学生进行教育,教学生一生有用的东西,为未来人生打下温暖的底色。教学生三年,想学生一生,这才是德育的最高境界。德育最忌讳假大空,只有落到实处,才真正能惠泽师生,共创教育的和谐。

第二章　如何做好德育量化

德育量化考核就是以学生为考核对象，以学生日常行为规范和守则为依据，对学生的日常言行表现加以记录和打分，从而去评判学生的思想水平和道德水准的优劣。

有人会认为人的思想是复杂、丰富多样的，怎可量化？确实，一个学生真实的思想水平和道德水准我们教育者谁也不能百分之一百地把握。一个人要想真正地了解自己都不容易，更何况别人呢？那么只能选择放弃吗？当然不能。我们得选择在同等条件下相比较而言公平、合理、科学的德育量化考核方法。大家都知道，在一般情况下，人的言行表现往往是他内心思想品德的物化、具体化，也就是说一个人的思想状况、道德品质是在他待人、接物、处世的实际行动中表现出来的。关注他的言行表现和实际行动，往往也就把握了他的思想状况，进而可以去评判他的道德水平和实施教育的效果。

对学生实行德育量化考核有三个重要内容：一是制定严格的量化标准；二是建立合理的考核措施；三是确保评价的民主公正。严格的量化标准是考核的依据和前提，合理的考核措施是量化的根本，评价的民主公正则是考核有效的保证。

一、制定严格的量化标准

人的思想品行不是与生俱来的，它是人们在后天社会环境与教育的影响下，通过自己的道德实践逐渐形成的。中小学生就其年龄特点来看，正处于思想活跃期和品德可塑期，这是从童年走向独立的人生道路的转折期，也是形成人生观和世界观的关键时期。在这一阶段，他们对待事物往往都有自己的观点和看法，但又不够全面，显得简单不成熟，做事容易冲动，是非观念不清，自控能力不强。班主任就必须根据学生守则和行为规范以及本校、本班的实际情况对学生在日常行为、言谈举止、学业和思想品德等方面作出规定，通过细化来确定德育量化考核的具体条项，并规定各条项相应分值、加减分标准和考核表满分分值。

（一）制定班规，半票通过

班规就是德育量化的标准。很多班主任都有自己的班规，但是真正能合理做成量化管理的还真少见。那么，为了实施德育量化，如何制定出行之有效的班规呢？

班规的制定者，可以是班主任，可以是班委，也可以是学生集体。在我看来，谁制定不一定重要，全班同学都心悦诚服地接受才是最重要的。为了达到这样的效果，我建议：第一，最好由学生制定班规；第二，一定要半票通过，得到大多数同学的认可。半票通过这个比较容易操作，投票或者举手表决都行。

由学生制定班规，这个恐怕很多人就有些担忧了。学生能做好吗？现在学生的动手动脑能力真的令人堪忧，班级管理这样宏大的工程交给他们来做，是否能做好，值得思考。再者，交给他们做，前途未卜，不定搞出什么麻烦来。这是班主任老师们不愿意接受的。

做不好会怎样？刚开学，如果交给学生来做这些事，能很快就开展工作吗？他们一旦做不好，开学工作检查等各项指标能否完成，这是班主任老师们最担心的。因为这直接关系班级的考核与个人的工作考评，直接与绩效挂钩，说不定会影响到评优表模、职称晋升等。看似很小的事情，里边有大学问，我认为这就是很多班主任不敢亲身实践的原因。

我从 2006 年开始班规的实践，让学生自己制定班规，然后具体执行。说实在的，刚开始的时候，我也有过担心。学生能制定出一套比较完善的班级管理制度吗？这些制度科学实用吗？这些制度孩子们怎么操作？……

记得第一次让孩子们制定班规，我担心孩子们没有方向乱来，于是就召集几个小组长开会，让他们看李镇西老师的班规。在孩子们知道"班规"这回事后，就组织本组学员讨论具体的某一个方面，比如清洁、学习等。每个小组讨论一个方面，然后草拟出这方面的班规，由我汇总，打印后全班分发讨论，然后将已经通过的条款修正，打印出来，人手一份，逐条学习，开始实施。在执行的过程中，班干部要认真培训，告诉他们具体的操作要点，然后边实践边修正。一旦发现班规中没有涉及的内容或者有些不切实际的，班委会集中讨论，民主决议增减。

那一届学生自己制定班规，自己执行，然后班主任根据班规来给学生行为规范评定，并以此来作为学生评优的重要依据。将班级还给学生，营造出了民主自立、和谐温馨的班集体。

2009 年的时候，我对学生更加有信心了，索性放手让孩子们去做。七年级的孩子，自己一条条草拟，七嘴八舌地讨论，最后也敲定了班规。虽然有些不完善，但执行起来也是很有力度的。

相信孩子是班规产生的根本。相信孩子，你的工作性质就改变了。你不再是以前的"管理"与"压制"了，取而代之的是"培养"与"教育"。你会真正从繁杂的事务中解放出来，真正从事脑力劳动，真正从事创造性的工作。这将会产生出很多乐趣，让你感受到教育原来如此美丽。而孩子们，由于班主任的信任，他们不仅得到了充分的锻炼，更重要的是，他们将亲手构建一个幸福的家园。这将会带给他们无穷的力量，并让他们感受到来自自身与集体的力量。

相信孩子，孩子会给你带来工作的乐趣；相信孩子，你会给孩子插上飞向未来的翅膀。放手让孩子制定班规，把班级还给孩子们，他们将还你一个意想不到的惊喜。

（二）摸索前行，完善班规

完全出自孩子们之手的班规，如果按照我们成年人的要求与标准来衡量，绝对是不规范的，或者说有这样和那样的问题。但是我相信，孩子们自己制定的规矩，他们会倍加珍惜，他们也会严格遵守。否则，那不是打自己的脸吗？如何执行，如何坚持，如何掌控，这也是孩子的事。作为成年人的我们尽可能地放心，他们实在不行，我们再来帮忙也不迟。

接下来，我将这份班规打印，人手一份，让学生好好学习。同时我也会组织全班学生讨论"班干部该如何执行班规"，让班级里每个孩子都知道，哪些事可以干，哪些事不可以干。这样，我相信孩子们的行为会逐渐规范起来，班风会逐渐好起来。

班规试行两周后，很多的问题会逐渐暴露出来，在这个时候，班主任可以让孩子们以小组为单位开展讨论，每组安排值日班干部与同学们面对面地交流；让孩子们自己完善并通过班规，然后再全班交流；最后由班主任收集起来，录入电脑，添加到原来的班规中去；再开始推行。

记得那时，我将各组分开，让孩子们自由讨论，要求每组由组长主持，副组长记录，班干部蹲点，这样就比较正规了。看得出孩子们以前没有经历过这样的讨论，也没有这样当家做主过，让孩子们参与管理班级会给每个孩子以尊严，让他们感觉到自己很重要。我觉得，这就是民主意识的启蒙。

每个小组各有特色，孩子们认真的样子，真让人感动。谁说我们的孩子什么都不懂？谁说我们的孩子什么都干不了？谁说我们的孩子没有能力参与班级管理？……只要给他们足够的平台与空间，他们会做得很好。说的认真，听的仔细，质疑有力，记录翔实。特别是投票表决通过的时候，孩子们高高举起的小手，让人感到了表决的神圣、民主的美好。

仙桃市杨林尾镇二中七年级（3）班班规

经学生分组讨论，结合我班实际情况，各小组民主制定出了班规初稿，后又两次反馈到学生中民主审议与讨论，产生了如下条款，以此来维护班级的学习、生活等纪律，约束学生日常行为，营造一个和谐美好、意气风发、健康快乐的班级。

学习

1. 上课无老师允许不准开抽屉，违反扣 2 分。由纪律委员执行。

2. 作业抄袭者，一经发现，每次扣 4 分，并罚扫教室 1 天。由学习委员执行。

3. 上课时，无故讲话扣 2 分，一节课内多次讲话者扣 5 分，后者罚扫教室 2 天。由纪律委员执行。

4. 不交作业或拖延交作业，扣 1～3 分。由组长执行。

5. 为别人提供作业方便者扣 5 分，并罚扫教室 1～2 天。由学习委员执行。

6. 不得在课堂上做与课堂无关的事，违者扣 2～3 分。由学习委员和组长监督执行。

7. 作业不得过于潦草，由轻至重分别扣 1～4 分。由学习委员和组长监督执行。

清洁

1. 清洁值日被评为"差"的那一组，罚扫教室及做清洁一周，并且每个成员扣 2 分。

2. 随地吐痰，乱涂乱画者，罚款现金 1 元，写 500 字说明文字，并扣 3 分。

3. 清洁值日有人逃跑，罚逃跑者打扫教室一周，并扣 3 分。

4. 在规定时间（早上6点20分）清洁没做完，垃圾没有倒，罚其继续值日一天，每个成员扣2分。

5. 个人清洁区域必须自己保护好，检查不洁净者，扣2分。

纪律

1. 午休时必须安静睡觉，不得大声喧哗，不得睁眼超过10分钟，否则扣2分。如值日生带头不遵守，则扣4分。由纪律委员执行。

2. 课堂上保持绝对的安静，不准讲闲话，不准讨论与学习无关的事，未经允许不得随意插话，违者扣2分。由纪律委员执行。

3. 上课时不准伏在桌面上（除生病外），坐姿端正，不开小差，违者扣2分。由班长与值日干部执行。

4. 上课时不自动离位（除有特殊情况），不随意发出任何声音，东西掉在地上了，下课再捡，违者扣2分。由班长执行。

5. 上课时不准喝水，违者扣2分，并罚搬一个星期的水，不论男女，不准请人替代。由生活委员执行。

6. 下课时，不得追逐打闹，伏在他班教室旁，禁止打架斗嘴，违者扣2分。由全班同学监督检举。

7. 上课铃声响，必须准备好学习用品，立刻肃静，违者扣2分。当天值日生负责。

8. 如果在副科课堂上讲小话，不把老师放在眼里，扣3分。由值日生负责。

生活

1. 同学们要尽量少吃零食，每日如果吃零食在2次以上，扣2分。（以老师、班干部看到以及学生举报为主）。

2. 在外面吃中、晚餐者，扣2分。

3. 在寝室未经他人允许，不得乱用别人的水，违者扣2分。

4. 打饭时，不插队，不和别人发生争吵，违者扣 2 分（以值周领导以及学生举报为准）。

5. 值日生每天负责清理寝室外篓子里的垃圾，以免发出怪味，影响同学们的身心健康，违者扣 2 分。

6. 未经班主任同意夜不归宿者，罚其写说明文字 500 以上，扣 5 分，打扫寝室一次，由寝室长监督。

7. 当天的值日生未按时做清洁，罚扫寝室一周，扣 3 分。由寝室长监督。

8. 熄灯后讲话者，扣 2 分，并罚扫寝室一天。由寝室成员监督。

9. 违反寝室规定者，扣 2 分。由寝室长监督。

10. 带零食入寝室者，罚其扫寝室一次，并扣 1 分。由寝室长监督。

11. 寝室长乱批评人者，要及时向他人道歉，并扣 1 分。由寝室成员监督。

12. 寝室长仗势欺人、骂人者，扣 3 分，罚写检讨，并由寝室成员决定是否撤销寝室长一职。

体育

1. 上体育课时态度要端正，认真完成老师布置的各项任务，如上课时不听讲，被老师批评者扣 5 分。此项由体育委员监督执行。

2. 积极参加学校组织的各项体育活动，无故不参加者，扣 2 分，造成严重恶果的扣 5 分，并罚跑操场 5 圈。

3. 体育课上课铃声响之前，要列好队形，等待老师来上课，违者扣 3 分。此项由体育委员监督执行。

4. 上体育课时，不能无故旷课，违者扣 5 分，并写一篇 500 字以上的说明文字。此项由体育委员监督执行。

5. 有特殊情况不能运动者，不能硬撑，要及时向老师汇报，经老师同意后才能请假。身体有问题，但没有请假者，出现意外事故的，后果自负，并扣 5 分。

6. 上体育课时，要认真听从老师的指挥，不能任意行事，违者扣 2 分。此项由体育委员监督执行。

7. 接受老师批评态度要诚恳，不能与老师顶撞，违者扣 10 分，并写一篇 500 字以上的说明文字。

科代表

1. 科代表不能包庇任何人，要大公无私，违者扣 5 分。

2. 科代表在收作业本时，检查字写得好不好，不合格者重写，违者扣 3 分，还要抄 3 遍。

3. 科代表要注意自己的言行，不说脏话，不骂人，不打架，违者扣 3 分。

4. 科代表要对同学的学习负责，主动辅导学习不是很好的同学，违者扣 2 分。

5. 科代表不得带头违反纪律，应保持良好的工作态度，违者扣 2 分。

6. 科代表不得抄袭及给人抄袭作业，违者扣 5 分。

7. 科代表要按时收发作业，及时交给老师批阅，违者扣 2 分。

小组长

1. 组长在早自习下课前要安排人去抬早餐（稀饭、馒头、牛奶、咸菜等），安排一个人分菜，组织同学排队吃早餐。如果组长没有执行到位，当天罚扫教室一遍，并扣 4 分。由生活委员执行。

2. 每周小组长在清洁值日期间，不能迟到早退，违者扣 4 分。由劳动委员执行。

3. 组员们在讨论时，小组长应多听意见，不能乱下结论，违者扣 5 分。由学习委员执行。

4. 组长在收作业时，不得利用职务之便参考其他同学作业，发现一次扣 2 分，并提出警告，两次自行辞职。由学习委员执行。

5. 组长在检查背诵课文或检查作业时，不能包庇，违者扣 5 分，并扫教室一天。由学习委员执行。

6. 组长在早、中、晚迟到者，扣 2 分，如果迟到 3 次以上自行辞职。由班长执行。

7. 下课后，组长主动完成课前准备工作，擦干净黑板，违者扣 5 分。由值日生执行。

8. 组长不能以权压人，违者扣 5 分。由值日生执行。

班干部

1. 班干部在任职期间犯错，推卸责任，扣 5 分；如果班干部未完成老师交代的任务，一次扣 5 分，3 次以上主动离职。

2. 班干部上课时不能带头讲话，如讲话者要做一天的清洁，扣 3 分。

3. 老师不在时，班干部应安排好学习任务或去叫老师来上课，违者扣 3 分，并接受批评。如再犯同样的错误，应就地免职。

4. 班干部必须带头做事，对待同学们要公平、公正，不允许出现包庇他人现象，违者写 600 字的说明，并扣 5 分。

5. 班干部如果迟到，扣 3 分，并说明原因，如果态度不认真，应写 500 至 600 字的说明。

班主任

1. 上课迟到一分钟，罚扫教室，并写 800 字检讨。此项由班干部监督。

2. 班主任如果用不文明的语言骂学生，罚写 800 字以上的检讨。此项由学生监督。

3. 班主任上课未经学生允许接私人电话，罚款 10 元充班费，并罚扫地一周。此项由劳动委员监督。

4. 班主任没有特殊原因，不能拖堂，如有违规，罚款 10 元。此项由学生监督（专指白天正课）。

5. 班主任随地吐痰，不讲究卫生，罚扫教室一天，并写 800 字的说明文字。此项由劳动委员监督。

6. 课堂上未经学生同意，班主任不能擅自离开教室，违者罚扫教室一星期。此项由劳动委员监督。

7. 班主任对学生发脾气，罚扫教室一天，并写 800 字的说明文字。此项由班干部监督。

8. 班主任假公济私，罚款 20 元，并写 800 字的说明文字。此项由学生监督。

奖励

1. 一周不违规者，加 2 分。

2. 作业优秀者，一次加 2 分。

3. 受到老师口头表扬者，加 3 分。

4. 劝架、调解者，加 2 分。

5. 自觉维护清洁者，加 2 分。

6. 大胆举报不良现象者，加 3 分。

7. 清洁检查被评为双优的，组员每人加 2 分，组长加 3 分。

8. 拾金不昧（5 元以上）一经证实，加 5 分。

9. 维护班级荣誉、服务班级者，一次加 3 分。

10. 受到学校表彰者，根据情况，加 10 至 20 分。

（以上第 4、5、6、8、9、10 项必须由班主任与班干部审议通过方可）

说明

1. 每生每月以 100 分为基础得分，扣分与加分每周小结，每月总结。

2. 每月得分低于 80 分者，没有资格参与"优秀学生""优秀学生干部"等评选。

3. 得分低于 60 分者，不享受班级任何优待与评选的权利，并在全班提出警告，通报家长协助教育。

4. 连续两月得分在 80 分以上者，按照分数名次取前三名为"班级之星"，并将整理个人材料，以备随时向学校以及上级部门推荐。

5. 连续两月低于 60 分者，请主动离开班级或者劝其离开。如若不肯，必须有家长陪读。

2006 年 10 月 23 日

这是一份比较完整的班规，完全出自学生之手。有人也许觉得其中有一些好像不是很完美，我个人觉得，学生自己接受就行。因为执行也是要他们自己去完成的。很多时候，我们不要用成人的眼光去看待他们，孩子自有他们的"游戏规则"，只要敢于放手，他们会还我们一个惊喜。

二、建立合理的考核措施

（一）班委督促制

班级内实行班干部值日制度。考核者以值日班干部为主，班主任为辅。主要由值日班干部通过记录每一位学生的当天表现来打分。值日班干部由班级干部每周轮流担任，负责每周的班级管理和学生德育量化考核。班主任要定位好班干部的职责，管理的核心应该是服务。班委日常工作就是监督提醒学生言行的规范，他们是班级德育的重要力量。当然建立一支高素质的、具有公正心、原则性的学生干部队伍是每个班主任管理班级的重要支撑力量，也是实施学生德育量化考核的重中之重。后面我会对学生干部队伍建设做重点介绍。

（二）记录公开制

"班级德育量化登分册"张贴在教室最显眼的地方，供学生随时观看，做到公开透明。每天放学前，由值日干部算出每位学生的得分情况，在班长的核实以及纪律委员的监督下，在登分册上登记，主要是加分或减分，做到考核公开，杜绝暗箱操作。每周小结每位学生的一周操行成绩，利用班会课进行点评，有针对性地进行表扬或批评教育。每月一次总结，给每个学生打出分数，张榜公布。我做班主任一般不公布学习成绩排名，但是德育量化的成绩必须公布。因为这涉及的不是能力差异问题，而是做与不做的态度问题，学生日常的言行表现必须引起全体同学以及家长的注意。

（三）评优参考制

每学期将每生的加分和扣分分别计算，视具体情况，由班主任采用定性与定量相结合的方式给出操行等级和评语。学期考核结果记入学生个人档案。

如果在班级进行评优的时候，不考虑德育量化的成绩，唯分数论显然是不科学的，而且是与量化管理脱节的。我在班主任任职期间，一般都会全面考虑。我班除学习成绩以外，还有德育量化的成绩，其中分为言行表现以及认可程度。认可程度就是学生在班级的受欢迎程度，根据学生投票，然后按照名次排位。学习成绩、言行表现和认可程度三者的综合成绩排名，参考表彰的不同内容，进行取舍。

期中表彰名单这样确定

学校期中表彰设立了"文明标兵""学习标兵""服务标兵""进步标兵"和"体育标兵"这五项。本来我还想设立一些班级奖项的，但是在班级文化没有建立起来的时候，这些奖项对学生是没有多大促进作用的。

特别是一些家长还会以此来打击孩子，因为他们眼里只有成绩。本来这个表彰力度就比较大了，超过了 30% 的名额，于是我就按照学校的表彰来做了。

我们班上的评优表模主要是按照三个标准：日常行为规范量化管理得分、期中考试成绩、学生满意程度。我们的依据就是 9、10 月两个月的量化管理得分的高低、期中考试成绩的优劣、学生投票的结果。我们实行表彰不重复，一个学生只得一个荣誉，这样表彰的面就大一些。当一个学生几项表彰都可以符合的时候，由他自己选取其中一个。评选的人员还有一个底线，就是他们量化管理得分必须排在班级的前 80%，我们班 51 人，也就是说最少是前 40 名。日常行为不规范的学生是无论如何不会得到表彰的。

每个小组推荐一名评审员，然后由这几位同学组建评审委员会。他们在吃透了班级政策后，开始工作。

"文明标兵"就是量化管理得分最高的前四名学生。他们分别是：陈芊，208 分；汤顺美，207 分；李文静，206 分；谢淑慧，206 分。由于汤顺美成绩是全班第二名，她愿意做"学习标兵"，于是，量化管理第五名的郭远卓（203 分）就幸运地受到了表彰。

"学习标兵"按照成绩，他们分别是丁香怡、汤顺美、郭淑雅三位同学。

"服务标兵"，全班通过投票，对班干部进行了考评。易佳慧，23 票；李恒新，23 票；谢淑慧，14 票；李希雨，16 票；姚栎，8 票；……最后确立易佳慧与李恒新受到表彰。

"进步标兵"稍微复杂一点。我们根据成绩进步幅度来确定。成绩进步的同学很多，具体有丁香怡进步 30 名、易鸿浩进步 30 名、朱文绪进步 89 名、谢淑慧进步 25 名、姚栎进步 33 名、汪康进步 31 名、王乐进步 41 名、熊壮进步 59 名、郭远卓进步 26 名、王梦婷进步 24 名等，其中丁香怡、谢淑慧、郭远卓三位同学已经受到表彰了，不在表彰之列。在剩下的七名同学中，易鸿浩、熊壮两名同学日常行为量化管理得分不合格，被否决。最后剩下朱文绪、姚栎、汪康、王乐、王梦婷五位，受表彰的名额是四名，于是同学们差额投票，最后王梦婷没有被选上，那么"进步标兵"就确定为朱文绪、姚栎、汪康、王乐。

"体育标兵"是由学生公推的，通过选举，郑从武，12票；田野，12票；李希雨，8票；付爽，9票；沈润欣，7票。田野、付爽两位同学量化管理得分不合格，被否决，最后确定郑从武、李希雨、沈润欣为"体育标兵"。

整个确定表彰对象的过程就是公布一些数据与名单，然后学生通过，一一公示，完全按照班级评选标准，走程序，不搞特殊化，很多受到表彰的同学感到意外。因为以往评优表模都是班主任说了算，他们很多根本就没有机会。我们班这样的做法，就是让孩子们明白，做好自己就行。

很多班主任在评优表模时不考虑日常的表现，这样就与班级常规管理脱节了，不利于班规的执行。评优表模其实就是一个风向标，不做好会影响学生的价值观与班级的发展方向。很多班主任就凭一张嘴，完全不考虑问题的严重性，这样会为后段的管理埋下安全隐患，慎重！

2012 年 11 月 15 日

经过这样的评优后，学生就会开始重视德育的量化管理，开始注意自己的言行，完善自己，量化管理也因此开始发挥它的巨大作用，班级也开始步入良性发展的轨道。

三、强化考核的公正公平

值日干部从某种程度上说就是班级中学生的执法队伍，而对执法人员最基本的要求应是公正、公平。扣分不当、尺度不一、亲疏有别、盯人不准、赏惩不明、营私舞弊都可能引发普通学生的不满，进而导致班干部与普通学生之间产生矛盾，从而有可能使得班级量化考核制度难以施行。因此，为了保证考核的公正、公平，班主任可以采取以下几点措施：

（一）实行民主监督制度

在班级设立纪律委员，监督班干部工作。班主任平日对班干部进行有效的培训，并且注重对值日班干部工作进行监督、指导，对不能胜任考核工作的班干部应及时进行调整，绝不迁就、姑息。因为这是关系到量化管理是否能公平公正实施的重要环节。

（二）实行学生申辩制度

对出现争议的情况，班主任不能偏听偏信，偏袒考核者一方，而要本着实事求是的原则，仔细倾听考核者和被考核者双方的陈述，同时从知情学生中调查了解实际情况，给出一个明确的说法。当然班主任事先要教育好被考核的学生，一旦出现争议，不能采取过激言行，要先和考核者进行沟通，解决不了的再请求班主任进行申辩。

申辩的程序一般是由冤屈的学生提供确凿的证据，在与值日干部协调没有结果后，向纪律委员提出申辩，然后在班级里公开讨论，根据民主意见决定结果。

（三）实行班级民主议事制度

为了推动全体学生积极参加班级管理，也为了真正实现全体学生当家做主，在班级大事抉择或者班规遭遇空白的时候，由班长发起，班干部和学生代表或者全体学生参加，通过讨论、辨析、表态等形成决议。

前边展示的班规"说明"中最后一条是这样的："连续两月低于 60 分者，

请自动离开班级或者劝其离开。如若不肯，必须有家长陪读。"这一条看起来有些过分，但确实是学生们自己拟定的，而且全班通过了的。因为当时我们班是全校的重点班级，能进来的都是成绩很好的学生，学生们认为连续两月低于 60 分是不可能出现的，如果出现绝不姑息。这也是学生对集体荣誉的一种珍视，我也就没有在意。但是后来班上真有一位同学连续两月低于 60 分，没有办法，只能执行啊。为了让家长接受、学生受到教育，我让学生对此事进行了讨论，然后说出了他们的处理意见。有一半以上的学生认为要将这个学生赶走，哈哈，有时候为了集体荣誉，学生狂热起来，真的很不理智的。我也很欣喜地看到班级有差不多 30% 以上的学生建议再给他机会。怎么办？后来家长来后，我让家长看了学生对他儿子的评价，说出了班级管理的实情，然后请家长到班级，由我来宣布处理意见。首先请班长宣布这个孩子的违规表现，以及班委的处理意见；接着我们请这个孩子来谈他个人的想法；然后我跟学生们说明按照班规处理后有可能出现的局面，以及表示我不希望出现这种局面，希望同学们重新考虑。自然全班同学也接受了我的建议，给我一个面子，也给这个犯错的学生一个机会，关键时候，体现出班集体对个体的宽容与救赎。有法必依，执法必严，但是法外还是有情的，法外可以是开恩的。不过不是那么容易，一定要把事情闹大，发动了全班，惊动了家长，处理了几个回合，进行了几次碰撞，最后班主任声泪俱下地求情，才让问题得以解决。在这个过程中，要让每一个学生都体会到，犯错了难以饶恕；更要让每一个学生都受到震撼与教育，这样才算是成长。

德育量化只是一种手段，在班集体构建初期，在学生们行为习惯不太符合规矩时行之有效。而其真正的目的是希望通过训练、强化，让班规内化为学生的日常行为，到那时，班规、德育量化等基本上就没有意义了。班级德育量化是班级建设与发展中一定历史时期的特定产物，同时，也不是唯一的办法，绝不是放之四海而皆准的，班主任在德育的过程中不可迷信。

第三章　如何选举与培训班干部

大家都知道，选好了班长和班委可以让班主任省心不少，班级管理也会顺畅很多，那如何选好班干部呢？班干部的产生一般是班主任指定的居多。班主任指定成绩最好的或者有经验的学生来担任班长，这样的班长一般品行端正，学习成绩好，办事能力强，学生比较尊敬与佩服，有助于址级稳定，能顺着班主任的思路走。但是这种做法或多或少显得专制，班级很多事情的处理是班主任说了算，学生比较受压抑，个性得不到发展。其他的班干部任命也是班主任说了算。我个人认为，班长和班干部的产生最好还是民主选举为好。

很多班主任也在做民主选举，让学生投票，但是很多都在班主任的掌控之中。这样的选举，热闹过后，绝对达不到理想的效果。为什么会这样呢？在很多地方讲课时，我都说，很多一线老师听了专家的讲座后，就刻意模仿。人家怎样做，他们就怎么做，可就是难以成功。为什么呢？因为他们只看到了人家在做选举，却不知道人家前前后后做了多少工作。下边笔者根据个人实践，谈谈选举前后一些不为人知的内幕，希望能对一线班主任有所帮助。

一、选举前

选举前，必须要做好的工作就是"铺垫"。那么，需要做好哪些铺垫呢？

（一）点火造势

所谓"造势"，就是在新班接手后，班主任要告诉学生你的班级管理思路，让他们每个人在内心里都开始琢磨、设想，然后期待你的行动。这样你做每一件事，孩子们都会比较关注与投入。班主任在班级里点燃一把火，并且不停煽动，给学生期待。这就是班主任与学生们的一个相互的认识过程，告诉他们自己的带班理念与管理思路，对后期的工作开展会很有帮助。

给孩子一剂强心针

照例分班考试，分重点班普通班。好多年前我申请带普通班，在学校领导允许后，我一直都带普通班。

为了鼓励这些孩子，我在班级逐渐稳定后，先给孩子们来了一剂强心针。

第一，我告诉孩子们我的班级管理的思路，那就是学生自己当家做主：制度的产生与执行、责罚与评优等都由孩子们来决定。我们的班规由大家集中讨论并制定，最后通过学生代表来执行。班级将对孩子的日常行为进行量化，每周公布，期中期末进行各类评比的时候，这些量化管理得分将是一个重要的依据。以前我带的班上就常常有一些学生成绩非常优秀而因为表现不好被否决，我希望孩子们看重自己日常的言行，做一个习惯好品德好的学生。

第二，班干部的产生，必须走民主路线，每个孩子都是班级的主人，都有选举和被选举的权利。第一步，先自愿申报或者老师指派；第二步，全班讨论"我们需要什么样的班干部"；第三步，临时班干部述职，优秀临时班干部选举，过半票者当选；第四步，当选者顺理成章地参加班干部竞选，然后还有一些自愿参加竞选的孩子，一起竞选演说，学生投票，票数最多的为班长，由他来组阁；第五步，开展"班干部如何为同学服务"的讨论，规范班干部的管理，提升班干部的档次。如果要更换班干部也是根据集体的意愿，通过选举产生……

第三，座位的安排，我们将采取抓阄的形式。以往成绩好、近视的孩子以及班主任的关系户等坐前排、中间等所谓的好位置，我的班上不是这样。在我心中，座位没有好坏之分，你想学习在哪里都可以学习。我希望孩子们不要去找什么关系，更不要通过送礼物来解决关于座位的问题。呵呵，就算找也是白找，送也是白送。如果真有什么特殊情况，或者家长难以理解的，可以与我沟通。

第四，班级事务按照班规来处理，但是如果出现偶发事件，一般由班干部组织同学们集体表决，我作为班主任只是起监督作用，希望孩子们能真正学会自主管理，真正地当家做主。我相信在这样的环境里，孩子们会得到很好的锻炼，也能有一个很好的发展。

我告诉他们，我们班虽然是普通班，但是我们的各科教师并不差，我想在日后的学习中，你们是能感受到的。学习是自己的事，如果只指望好的班级、好的教师、好的座位，你永远都不能把自己的潜力发挥出来。唯有相信自己，才能坚实地走好每一步，成就最辉煌的自己。班级是你们的，我将与你们一同前行。

看孩子们都群情激昂，我很高兴。下课后，孩子们都围着我有说有笑。我知道，孩子们也很赞成那一份独立自主与群策群力的班级氛围，更向往与憧憬着民主环境中全新的自己。

2012 年 9 月 2 日

这是我接手一个新班后与学生的交流。学生了解了班主任的想法后，他们就开始期待班级的活动了，因为我的做法与学校的任何一个班主任都不一样。

(二) 快速"破冰"

"破冰"是一个专业术语，指的是培训当中一项专业的技术，特别在户外拓展当中，可以说成功的"破冰"是整个培训能达到预期效果的关键。这个叫法起源于冰山理论，冰山理论是指人就像一座冰山一样，意识的部分只占了很少的部分，而更多的部分是潜在的意识，或者说是不容易被分辨的意识，而破冰就是把人的注意力引到现在，因为注意力在现在就无法或者不容易被潜在的意识影响，这样就可以达到团队融合，消除怀疑、猜忌、疏远，进而达成团队合作及培养互相的默契及信任。

而我引用"破冰"这个词语，目的就是希望学生之间能破除人与人之间的坚冰，让他们相互了解，彼此尽快建立一定的信任关系。这是整个选举的基础。很多班主任忽视了这点，同学之间有的还根本不认识，更谈不上了解，那如何让学生们选出理想的班干部呢？如何能让选举班干部的活动真正服务于班级管理，利于学生的成长呢？

"破冰"的方法很多，新班组建后，同学之间的自我介绍、个人名片的设计展示、班级活动的参与互动等，都可以增进学生之间相互的了解，这样哪些学生有能力为班级服务，哪些学生是值得信赖的，学生们都可以有一定的比较并做出明智的选择。

让每个孩子都得到展示

新班接手，我都要举行一个简易的见面会，让每个学生到讲台上去，面对全班，在黑板上以自己喜欢的方式写下自己的名字，然后说几句话，介绍自己。有话长，无话短，以自己的方式展示。

本来昨晚是要孩子们写成了文字的，要求 500 字左右。但如果每个孩子都照着稿子念，估计两节课难以完成，再者孩子们也得不到锻炼，于是我要孩子们脱稿，自由发言。

我们按照小组顺序来进行。首先上台的是姚莹。她很大胆，口齿也很伶俐，语言干脆果断，声音也很响亮，但因为是脱稿，还是有些不自然，停顿了两次，好几秒，有背稿的嫌疑，但不影响她的表现。接下来是童德政，他是我们班的第一名，语文基础比较好。虽然他的声音很小，但还是比较流畅地介绍了自己。这两个优秀学生给了孩子们一个很高的起点。接下来从郑从武开始，孩子们的基础较弱，于是在讲台上窘态百出，闹得哄堂大笑，我也笑了。我不停强调"有话长无话短"，给孩子们圆场，让他们好下台。

展示过程中很多孩子就是上去写个名字，然后就两句话，有时，我都来不及照相。很多学生在下边坐着不听，显得很无聊。我一直对他们强调要注意倾听，关注自己的同学。其实，我那时也在反思，每个孩子都这样来一个自我介绍，有必要吗？

"我叫易佳慧。我是一个很古怪的女生。……我从来不穿裙子，原因有二……"当听到易佳慧摇头晃脑地自我介绍时，我还没有在意。因为我了解到她是一个很有个性的孩子，我只是默默关注。当她说到不穿裙子的理由时，我被深深吸引。这就是我的学生，哈哈，多么有个性的学生，多么优秀的学生。后来她妈妈为了刺激她穿裙子，采取了奖励政策，每穿一次奖励十元。再后来因为她"私房钱"太多，妈妈将其全部没收，引得全班同学笑得前仰后合。我也哈哈大笑……

朱文绪的手足无措，王乐的如"站"针毡，汪亮的彬彬有礼，刘辛酉的言简意赅，陈千的侠骨柔情，谢淑慧的手舞足蹈，郭远卓的稳如泰山，等等，都给我们留下了深刻的印象。

最后，我也在黑板上写下了我的名字，开始做介绍。我笑着说："孩子们谁来给老师拍张照啊？"学生争先恐后，纷纷下位，围在讲台附近。我要他们回到座位，他们都不愿意。最后我把相机给了易佳慧，她为我抓拍了几张很经典的照片。

我告诉孩子们，我最早有个名字是"肖胜怀"，因为年龄的增长，世界观的逐渐形成，经历过"肖圣怀""肖圣槐""肖盛槐"等名字，后来师专毕业的时候，毕业证上的名字写成"肖盛怀"。在经历了很多后，我将所有的证件换成了现在的名字。我告诫孩子们，名字只是一个符号，现在你的户口本上写什么就写什么，不要到中高考报名时出麻烦。

最后，我把班级所有的名字用一个心形框起来，告诉孩子们，我们就是一个整体，我们就是相亲相爱的一家人。我告诉他们，前世五百次的回眸只为换得今生的一次擦前而过，而前世一千年的修行，才换得今生的见你一面。

"想一想世界在时间和空间上的无限，每一个生命诞生的偶然，怎能不感到一个生命与另一个生命的相遇是一种奇迹呢?! 我们生活在同一空间，并且能今生相见，这是缘分啊。五百年修得擦肩过，千年修得一回眸。照这么说，我与你们一年，你的同学与你多少年，你的父母家人呢，这需要我们前世多少年的修行? 不知道前世是你欠我的，还是我欠你的，反正我们聚在一起了。不知道你是为我还债，还是我为你还债，反正我们来了……同学们，我请你们珍惜我们在一起的每分每秒。因为我们每看对方一眼都需要前世千年的修行啊!"

在孩子们热烈的掌声中，我提议全班合影。我请外班的袁老师来给我们照相，孩子们可高兴了。我们一起迅速地走出班级，在篮球场上留下了我们建班以来第一张珍贵的照片。

坐在电脑前，我一张张欣赏着孩子们的照片，想着孩子们自我介绍时的不同表现，我情不自禁笑出了声。要是我一念之间，觉得这是浪费时间，而终止了这个活动，很多孩子估计一辈子都没有登台的机会。孩子会失去一个机会，我将留下多少遗憾，孩子们将失去多少欢乐。给每个孩子展示的机会，也许他并不出色，也许他根本没有在意，但是，上台的经历或许会成为孩子们心中永远的记忆。

2012 年 9 月 6 日

个性名片，让大家在最短时间内认识你

在高一的时候，我的班主任早读背记学生名单给我深深的震撼。在开学的时候，他要我们填好座次表，然后利用闲暇时间，一一对照着记名字，然后与长相对上号。从此，这个做法在我脑海里根深蒂固。参加工作的前几年，我一直沿用这个方法，三天内认识所有的学生。这对我班主任工作的顺利开展起了很重要的作用。

在多年的实践中，我发现，刚开学的时候，来不及做座次表，并且有很多不准确的地方，闹出了很多笑话。后来我也曾要学生在自己的座位上贴自己的名字，方便教师上课。再后来，在要求学生使用座右铭的时候，我想，要是把学生的名字与座右铭结合起来，不很好吗？于是，开学初，我就要孩子们做个性名片，让师生尽快相互认识。

所谓个性名片，就是带有学生个性的自我介绍的名片，上边不仅有学生的名字，而且还有激励自己的座右铭。材质、样式、字体、颜色、大小等均没有限制，让孩子充分发挥想象，自己动手，制作有自己个性的名片，让大家一目了然，在最短时间内留下深刻印象。

在名片制作过程中，很多孩子很有创意，给人耳目一新的感觉，更让全班师生很快记住了他们的名字。

（图片略）

2012 年 9 月 10 日

（三）临时管理

在选举之前，班级临时管理怎么办？班级不可一日无管理，基本的做法是设置临时班干部。那么由谁来担任呢？第一，学生自愿申报。第二，班主任安排有经验的学生担任。第三，学生现场推荐，被推荐者同意即可。第四，

班主任随机指派，比如头排的学生、按照学号等。确保一条，一定要征得孩子的同意。临时班干部确定后，简单地分工，保证班级日常的学习、清洁、纪律等正常运作。

一般会在三周之后，等到学生都相互熟悉后再开始选举，这样选举的效果会更好。对于临时班干部，班主任一般不予以任何的指导，让他们自己去琢磨，如何做好本职工作，同时也接受同学们的监督，然后在任职结束的时候会有一份"述职报告"。同时也在临时班干部中评出优秀，直接参与班干部的竞选（当然，参加与否也根据个人意愿，绝不勉强）。就算是担任临时班干部，也会激发他们的热情与主动，让他们努力做好管理工作。我认为班级的任何活动，无论参与与否，都让孩子们受到启发，得到成长，这才是最好的教育。

（四）讨论标准

在选举前，由于班主任的"造势"，同学们开始关注"大选"，班级里学生之间自然而然地就会开始议论，什么样的班干部是班级需要的，谁将是新班长，临时班干部怎么样，选举将会如何举行……借这个机会，班主任可以在班内开展"我们需要什么样的班长与班干部"的讨论，让全班同学达成共识，形成本班班干部的标准，作为选举依据。同时开始思考关于班干部的轮换、监督等事宜，甚至可以直接确定。

讨论的形式，可以多种多样。个人发言、小组集中、代表发言、学生通过、形成决议……尽量让孩子们说出自己的心里话，这样每个孩子都得到了尊重，他们参与班级管理的激情就会逐渐被点燃，班级管理就会逐渐步入良性轨道。

有些班主任对孩子不信任，担心他们达不到自己理想的目标。殊不知，这些与成年人的思路有差距的东西，才正是学生思想状态的呈现，这样的标准也才是最适合班级的。而我们费尽心思做得那么完美为什么孩子难以接受，因为我们是站在成人以及个人的角度来思考问题，而忽略了孩子们的感受。

七（3）班理想的学生干部标准

经全班同学的讨论，七（3）班理想的学生干部必须具备如下条件：

乐于助人，善解人意，善于与人合作。

与人交往诚实守信，关心同学，讲究文明。

起好模范带头作用，同学有困难时，要主动帮助。

关心班级利益，维护班级荣誉。

严守班规，严于律己，宽以待人。

以班规为工作指南，不营私舞弊。

不摆官架子，不仗势欺人，不滥用职权，对待同学一视同仁。

协助老师管理班级，替老师排忧解难。

老师不在时，应该去找老师或者主动维护班级秩序，保证同学们有良好的学习环境。

以上是我 2006 年 9 月的时候，接手一个七年级新班，孩子们经过一周的讨论后，整理出来的"班干部标准"。无论是从语言上，还是内容上，都还是不错的。虽然层次上有些混乱，但是基本能表达出孩子们的心声，我觉得就已经足够了。

（五）明确目的

班主任必须告诉学生，选举不仅仅是产生班干部的一种形式，更重要的是每个人能从选举中有所收获。选举是一种民主的生活方式，是自己的权利和义务。在选举中，个人对同学加深了认识，对班级增进了感情，主人翁地位得到了体现。千万不要以为选举与我无关，无论是选举者还是被选举者，都要以积极的心态投入与参与。选举是民主、自主的前提，也是自我发展的保障，也只有在这样的环境中，个人才会在集体中成长。

（六）辅导写稿

对于参加选举的孩子，班主任一定要指导他们写好演讲稿。为什么要参加竞选，有什么优势，愿意为大家做什么……既要真诚坦荡，也要风趣幽默，更要注意演讲的基本知识。班主任要对所有参加竞选的孩子进行一次培训，既要做好全员辅导写法，又要个别找出特色。总之，无论他们成功无否，都要让他们在选举的筹备中收获知识、感受成长。

最为重要的一点，就是对参加选举的孩子进行心理辅导。很多孩子一腔热情参加竞选，最后落选后，就再没有激情了。为了避免竞选给孩子带来负面影响，班主任在辅导写稿的时候，就要提出希望他们坦然面对落选，提前进行心理疏通，让每一个孩子都能很好地融进班级，这样利于孩子的健康成长以及班级的良性发展。

二、选举中

竞选演讲是选举的重要环节，不可忽视，从演讲顺序确立到公布投票结果的整个过程中，最重要的就是公平。不要让任何孩子由于人为的因素而竞选失败，更不要让任何孩子由于选举活动而对民主、班级以及班主任等失去信心。这对孩子的成长是极为不利的，我们千万不要由于一时的疏忽，而将好事办成了坏事，那真的就是得不偿失。

（一）严肃：思想上重视，不能儿戏

为了让孩子在选举的时候保持严肃，班主任一定要宣读学生讨论的"班干部标准"，希望大家能逐条对照；同时也要孩子们注意自己神圣一票的作用，不要违心地选出了自己不满意的同学，到时他们的管理不能尽如人意，而后悔莫及。投票的时候，不能交头接耳、左顾右盼，不准代替他人，更不

准随意涂改他人的票面。这些注意事项，班主任可以根据情况进行强调提醒，引起全班同学的重视。

在制作选票的时候，可以全班统一印制，像人大选举一样。越正规，越神圣，孩子们会越重视，选举的效果也会越好。

（二）公正：学生自觉自愿申请，选举者与被选举者均享受平等，公开产生工作人员

为了公正起见，对于参加竞选的学生本着自觉自愿的原则产生；演讲的顺序现场抓阄确定，当场公布；收票、唱票、监票、计票等工作人员的产生也一定要注意公正。孩子们可能暂时意识不到公平性，但是作为班主任，一定要心中有杆秤，提醒大家注意。

对于工作人员的产生，可以采取以下几种方法：第一，抓阄产生；第二，小组公开推荐；第三，每个参加竞选的孩子挑一个自己最要好的朋友参与或者监督；第四，随机摇号或者抽取。当然还有很多种方法可以尝试，不过，一定要让每一个参加竞选的孩子感受到公平，没有异议。

（三）透明：现场投票、唱票、检票、记录等

投票后的现场统计过程很重要，这是民意的展示，也是参加竞选的孩子接受挑选的过程，更是班级民主生活的一件大事。这个过程对班级每一个孩子都会有促进作用，班主任一定不要怕耽搁时间。记得有一次，我班在计票的中途，下课了。我安排工作人员记下了每个人的票数，然后封存了没有登记的选票，另找时间公开计票。现在智能手机直接可以将整个黑板上的姓名与票数拍下来，然后将没有登记的选票封存，再抽时间来公开计票。总之，这个过程一定要让全班同学看到，每一票的变化，要触动每一个孩子的神经，让他们真正体验民主，感受公平，从而产生一种积极的心理，促进班级良性发展。

竞选班长

按照安排，今天班会课举行"班长"选举活动。

9月2日，新班组建后，我对孩子们说，班级是你们的。一切由孩子们说了算，首先班干部就是由他们选举的。由于新生相互之间还不了解，于是我们先设临时班干部暂时管理班级。临时班干部本着自荐的原则，如果人员不足就由学生推荐产生。

谢淑慧、沈润欣、姚莹、姚栎、彭雨珑、喻千等人为临时班委。记得当时我笑着对孩子们说，都是女生，男生不要有意见啊。这帮女孩子管理班级很积极，也很用心。最让我惊讶的是沈润欣，她值日那天中午，我看到姚莹、易佳慧也在讲台上，我很好奇。沈润欣告诉我，很多学生不听话，她管不住，于是就求助于她们两个。因为她们在原来学校是出了名的厉害角色。虽然我不一定赞成她的做法，但是我依然为孩子们那份为班级服务的热情所感动。

其间，我要学生讨论"我们班需要怎样的班干部"，孩子们讨论的结果是：公平、公正、成绩好、人品好、严格、以理服人等是我们需要的班干部的品质，同时也提出了对成绩以及人品的要求，也谈到了管理方式的问题等。我还鼓励孩子们参加"班长竞选"，积极准备"竞选演讲"。后来，报名参加竞选的有姚栎、姚莹、彭雨珑、谢淑慧、沈润欣、陈浩然和易佳慧。

因为学校有活动，我就提前一节课上了。谁票数最多，谁就是班长。当然必须过半票，选举才有效的。接下来就是班长组阁，安排班委。

首先，我们为了公平起见，通过抓阄产生了演讲的顺序：彭雨珑、姚莹、谢淑慧、易佳慧、沈润欣、陈浩然、姚栎。接着，我们由学生推荐选出了担任收票、唱票、监票、计票的学生。

由于参加竞选的七个学生中有六个女生，只有陈浩然一个是男生。

于是中途下课休息时男生们就策划，都投陈浩然的票。于是女生们感觉到了危机，向我反映，觉得不公平。因为我们班女生只有 19 人。我当时笑着说，只要投票是真实的，怕什么？美国总统大选，你们看到了吗？不择手段地拉票，这是允许的，合法的。

上课之后，我对学生们讲，如果每个男生都投票给陈浩然，那陈浩然就是班长了。无论陈浩然能不能胜任班长，我都希望大家能够严格按照我们讨论的班干部的要求来投票。不要最后自己选出来的班长，自己又不满意。希望大家认真聆听他们的演讲，选出我们班需要的班长。

本来为了制止这种局面，我可以要求每个人在投票时写两个或者三个竞选者的名单，这样就可以控制学生都投陈浩然的局面。但是，我没有插手干预。我还是把决定权交给了孩子们，大家半数通过，就写一个候选者名单。

竞选演讲开始了。孩子们真的很优秀，比我以前指导的七年级的学生写的演讲稿都要好。特别是谢淑慧，谈到了自己做临时班干部时的一些简单粗暴的行为，我觉得特别的真诚。还有易佳慧，她谈到了自己参加竞选的心路历程，与家人的交流，尤其让我感动。让孩子们与家长讲班级的故事，与家长多交流，尽可能多地让家长了解我们的班级，走进我们的班级，而学生就是这个联系的纽带。还有姚莹、姚栎等表现都很不错。

何晶与杜子义开始收票了，陈款唱票，李希雨监票，李雨涵计票，各就各位。

当念到陈浩然名字的时候，男生们都很兴奋，特别是胡天治，还在握拳做成功状。看来男生们真的蓄着一口气，要捧陈浩然上台啊。我倒要看看，他们究竟有多大的能耐。班级的气氛很明显，男生欢腾着，女生郁闷着。

陈浩然 22 票，票数最多，这好像是大势所趋。

"陈浩然 22 票，没有过半数，不能做班长。"当男生欢庆胜利的时候，我的话语让他们凉了半截。

我接着分析了这次选举的结果，票数比较分散，说明班级目前还没有凝聚力。这很正常，新班组建嘛，我可以接受。陈浩然得 22 票，而我们班男生有 32 人，汪康请假，31 人投票，他在男生中都没有得到绝对的支持；易佳慧得 13 票，而我们班女生 19 人投票，她在女生中也没有得到绝对的支持。看来他们都没有资格出任班长，那究竟怎么办呢？

我提议，他们两个为临时班长，进行 PK。具体的办法是，他们两个管理班级，学生来评定，投票选出一个为班长。孩子们一致同意。班长竞选算是有了一个结果。

很多班主任不敢让学生选举，因为怕乱套。殊不知，这样的选举却可以反映出班级的很多问题。就说我们班吧，两个突出的矛盾：第一，男女生冲突。女生普遍活跃，积极主动，乖巧伶俐；男生好像不大懂事，也不愿意理会班级事务。这是小学阶段男女生心理发展不平衡造成的。但如何面对与化解，这需要时间。第二，来自生源地"一小"与"二小"的矛盾。"一小"的学生普遍习惯好一些，品行也好一些。"二小"的学生普遍散漫些。这也需要同化，让他们能融合在一起。通过这次的选举，我比较全面地了解了班级的现状，也让孩子们明白了今后我们班级努力的方向。这个选举真的是一箭双雕，好之又好啊！

2012 年 9 月 14 日

选举之后

我现在对星期五的投票有点不服气，因为我失去了这么美好的机会。有时候想起来，我还会偷偷哭，在投票的时候，我都想投好神圣的一票，但是没有机会了，很可惜。当老师说想好了再投票，我很恨当时的自己，我以后一定想清楚了再做决定。（何晶）

　　我的周围凝固了，沈润欣哭出来了，谢淑慧也哭出来了，而我想笑，老师不要误会，是易佳慧与陈浩然让我当文艺委员了，老师不要说我幸灾乐祸。因为我以前当过音乐委员，希望老师能允许。老师，我想你第四节课看到我和后边的同学讲话，其实我就是在安慰他们。（姚栎）

　　当唱票时，我发现写陈浩然的票上大多数都有改过的痕迹。我虽然写的也是陈浩然，但心中又想写别人。陈浩然做班长是胜之不武，因为全班男生只有他一个竞选，其实陈浩然也不是很好，在二小五（2）班时，我看到他和别人打架，有时还对别人大喊大叫。（陈款）

　　听完七个人的演讲，我认为易佳慧的最精彩，我就投了她一票。投完，我后悔了。姚莹、谢淑慧、沈润欣等她们管理班级都不错，可我以为是哪个讲得好就投哪个，我好后悔啊。两个临时班长，其中一个就是易佳慧。我看到落选的人都是那么伤心，特别是姚莹，她用双手捂着脸，眼睛里闪烁着泪花。我一点儿也不开心，反倒很伤心。对不起，这神圣的一票我投错了，下次我一定把票投给最有能力的人。（陈千）

　　下课了，我们几个姐妹除易佳慧外，都哭了。易佳慧说我们嫉妒心强，就这样我们和她闹翻了。我们姐妹们觉得这次选举不公平，希望老师能重新组织评选。（谢淑慧）

　　这次班长竞选也让我收获了很多，我以后会热心地帮助同学，为班级奉献自己的一点力量，下次我也来参加班长竞选。（丁香怡）

　　我和高秀敏是真心地为谢淑慧伤心难过。如果有下次，我希望当班长的是谢淑慧。她说："我会为大家服务，大家让我为你们送饭、端菜，我就为你们送饭端菜，我会尽力为你们服务。"难道在座的各位同学不感动吗？（王梦婷）

　　以上是我从孩子们的随笔中摘录下来的内容。说实在的，我知道活动在孩子们成长中的作用，但没有想到这次的民主选举在孩子们心中会留下如此强力的震撼。

第一，民主的启蒙。一票究竟有多重要，堪称"神圣"？当家做主的权利究竟该不该珍惜？选举究竟要不要坚持自己的原则，要不要按照标准来？……这些问题都开始进入孩子们的小脑袋。由于是第一次，孩子们没有想到自己居然有这么大的权利，可以左右班长的人选。很多孩子都后悔自己没有慎重对待，都表示以后一定认真。选举后，他们开始反思，也就开始了觉悟。

第二，公平的拷问。是非自有公断，公道自在人心。无论选举结果怎样，孩子们心中自有一杆秤。选举的内幕，孩子们最清楚，他们会自己调整，他们会明辨是非。那些弄虚作假的、人为的因素日后也许还会有，但是，我相信孩子们会公平公正地对待班上的事务。

第三，成长的反思。经过这次事件，大家都在思考，我们究竟有多大的价值，我们究竟有多大的能耐，我们该如何在平时的学习生活中与同学们相处，我们该如何为班级服务，我们该如何修炼自身……这些问题会在孩子们中间碰撞、交流，并且必将产生巨大的能量刺激孩子们行动。我想，这就是我们开展班级活动的目的。

2012 年 9 月 18 日

最后的角逐

早该举行的班长竞选，因为阶段性检测而耽搁了。

一考完，我们就组织了班长的竞选。上次竞选没有结果，评出了两个班长：陈浩然与易佳慧。他们每个人管理班级一周，然后由学生进行再次评选，票数多者为班长。

首先是述职。陈浩然简单地将班级存在的问题说了一下，自己的管理只字未提。易佳慧说得很详细，做了很充分的准备。她谈到了班级管理中的一些问题以及自己的一些困惑。

然后，我将我的日记《选举之后》（见上文）有选择性地讲给孩子们听。

接下来就开始投票了。

一组小组长推荐李文静，二组组长郭淑雅笑着征求我的意见："我推荐我自己，行不?"没事，为大家服务嘛。后来三组组长丁香怡也推荐了自己。于是我安排郭淑雅计票，李文静唱票，丁香怡监票。

"易佳慧。"

"陈浩然。"

"易佳慧。"

……

孩子们都屏住了呼吸，但结果逐渐地明朗了。下课了，我们班的投票吸引了外班的学生都来围观。

最后易佳慧41票，陈浩然9票。整个教室很安静，因为这个结果太出人意料了。女生19人，易佳慧41票!

陈浩然趴在桌上，泪眼迷离，只是没有流出来，因为他就在第一排，我看得真切。不能让孩子伤心，他也为班级付出了努力。

首先，我提议，对陈浩然同学的辛勤付出表示感谢。我带头鼓掌，接着孩子们报以雷鸣般的掌声。我们还要感谢临时班干部的倾力付出，孩子们继续鼓掌。

接着，我分析了陈浩然今天"惨败"的原因。"因为你们上次的弄虚作假，把他抬高了，这次就摔得厉害。孩子们，陈浩然虽然不错，但是作为班长还是有些不足的。往后我们大家一定要真心投好自己的一票，对同学负责，对班级负责，更对自己负责。我不希望陈浩然类似的事件再发生。"

"再说易佳慧，虽然很有激情，但是很容易激动。"说到这里，易佳慧歪着脑袋说："这您怎么知道?""哈哈，小丫头，我是谁啊。我希望大家能配合易佳慧管理好班级，也要理解她。"

　　说实话，易佳慧与陈浩然都很不错，但能力上，易佳慧还是强一些，群众的眼睛是雪亮的。我很高兴孩子们尊重了事实，也遵从了自己的内心，真正当家做主了。班级舆论导向是一个风向标，会指引孩子们行事的方向。最后的角逐，让班级正气飘扬，这是我们班级发展的前提，一定要好好珍惜。

2012 年 10 月 10 日

　　以上是 2012 年我带六年级的时候，学生竞选班干部的真实记录。很多细节历历在目，希望读者从中能感受到选举对学生产生的强大冲击以及震撼。李镇西老师说，班干部竞选的过程也是一次激发参与热情、展示学生个性、增强集体凝聚力的过程，尽管最终只有少数学生当选，但实际上每一个学生都感受到了主人翁的自豪感和责任感。是啊，选举确实是一件了不起的事情，它牵动了班级所有学生的心，同时也让全员都在思考、行动、感受、反思、成长。

三、选举后

　　选举结果出来后，一般确定票数最多的为班长，然后按照票数多少依次确定其他几位班干部。这样班干部就民主产生了，班委也就成立了。

(一) 分工定责

　　班长组阁后，就要给这些班委确定岗位了。原则上是根据他们的兴趣与能力来确定，有些难以分配的，由班长协调。由于学生刚当选激情很高，还有班主任在协助，岗位的分配对班长来说问题不大。

　　如果班主任不组织班干部确定职责范围，他们一般是很难知道自己的工作内容的。根据二十多年班主任的经历以及接触到的很多学生干部，我发现学生干部一般只是徒有其名，真正连某一个岗位是干什么的都不知道。这就需要班主任引领。

班干部督促制产生

对时下的班干部制度，笔者颇有一些微词，于是就产生了"班干部督促制"的想法。

在我身边，通常有两种情况。第一种是，班主任什么事都让班干部干，但班干部毕竟是学生，班主任又不注意班干部的培训，很多班干部做事简单粗暴，这样不仅得罪了学生，而且还影响了成绩。第二种是，班主任什么事都不让班干部干，怕影响他们学习，班干部形同虚设。而这样的班干部就是那种老黄牛式的，有的还有暴君式的。班主任事必躬亲，有的怕孩子们做不好，有的怕影响孩子们学习。很多学生徒有"班干部"之名，其实不仅没有尽到班干部的责任，也没有得到锻炼，很多甚至受到了一些隐形的伤害。

我反对值日班长的做法。每个孩子都试着做班长，这看似公平，好像是对孩子的尊重，其实这是对那些没有能力或者不愿意做班长的孩子一个极大的打击。按照多元智能理念来说，每个人都有自己不同的爱好与能力，这样一刀切的"值日班长"的科学性值得商榷。

有的孩子有意愿，有的孩子有能力，就让他们去做吧。不要勉强，也不要制度化。不过，我会在临近毕业的时候，让每个孩子为班级服务一天，我给这样的活动拟定的名称是"今日我最大"。在这一天，孩子就是这个班的班主任，他可以组织同学们做事，也可以个人为同学们做点什么，只要他不违反校纪校规，不打破正常的教育教学，干什么都行。这样可以让孩子的自尊心得到极大满足，同时也可以让孩子测试自己的能力，对日后的择业与生活会有很大的帮助。

班主任要给班干部定好位，否则错误的"班干部"观念会不利于班级的发展与学生的成长，受伤害最深的是班干部本身。记得我刚做班主任的时候，有一个班长在后来的选举中落选，成了班上最差的学生，打架、闹事、逃学等，初一都没有读完就辍学了。每每想到这个孩子，我就觉得很心寒。这个孩子当然有自己的问题，但对"班干部"错误的认识，也是毁掉这个孩子的重要因素。班干部的职责绝对不是"管理"，绝对不是班主任的"替身"，或者"代言人"。

我一直告诫自己，在我的班上，孩子做班干部一定要得到很好的成长，要让做班干部成为他们人生中重要的历练。本着自愿的原则，不花太多的时间，在督促他人的情况下有效地提升自己。服务班级，发展自己，这就是我对待班干部的态度。

基于此，我对班干部的职责进行了重新界定，以"服务"为主。

因为我们班级实行"小组长负责制"，班级的具体事务全部是小组长带着组员落实，所以我们的班干部就没有具体的事务了，时间上解放了他们。他们的主要任务就是督促小组长，将具体工作落实到位；同时发展自己，在班级树立良好的形象，引领全班整体发展。

我首先要让班干部明确职责，然后明白班干部管理的实质就是服务，最后就是要学会提升自己，学会与人相处。我说过，班干部每周开一次例会，了解班级动态，关注班干部思想，绝对不让班干部成绩下滑。这样，班干部们积极性高，跟班主任关系和谐，学习状态也好，自然让同学们都羡慕。这样，当班干部就成了班级人人向往的事了，往后参与竞选的人多了，学生民主意识也强了，班级舆论就正常了，一切都良性循环，班级自然就好了。

班干部还有一个重要的职责就是负责每天的值日，而他们值日的主要任务就是督促小组长，将具体的事务落实到位。如果小组长请假，他们就代替小组长执行。这样小组长分配任务，指挥工作，然后值日的班干部督促落实，双管齐下，保证了班级日常工作的开展与落实。

也许有的人说，你们班的班干部太舒服了。看似轻松，其实我们对班干部有很高的要求。班干部就是班主任的智囊团，他们协助班主任管理班级，为班级活动出谋划策，有时代替班主任充当活动的主角。这对班干部的要求是比较高的，也是促使他们自我提升的重要推手。这样一群积极向上充满活力的班干部就会成为全班的核心，甚至偶像，对班级文化的引领与提升会起到重要的作用。这样的班干部越多，这样有能力的人越多，班级就越有活力，也更有张力。这样的班集体也会更加吸引人，会更加让孩子们依恋，会更好地成为孩子们的家园。

2012 年 9 月 17 日

附：

仙桃市杨林尾镇二中小学部六（4）班班干部职责

根据班级管理体系，本班对班干部职责作如下规定，望任职的班干部明确职责，切实为班级服务。同时也希望全体学生了解班干部职责，做好监督，以期班级工作更上一层楼。

班长：

1. 负责班级全面工作，团结全体班干部，团结同学，严于律己，在班干部和同学中起表率作用。

2. 把班级中出现的问题及时汇报给班主任。

3. 处理各种偶发事件，并采取相应措施，难以自行决定的召开班干部会议集体决议，把处理意见汇报给班主任，或请班主任指导解决。

4. 和值日干部一起做好每天的学生量化管理工作。

5. 值日干部、小组长等主要负责班干部请假时的"替代"工作，确保班级工作的正常运作。

学习委员：

1. 在课代表请假时，接替课代表的工作。

2. 负责每次大型考试各小组成绩统计、排名。

3. 及时和课代表沟通教师和学生之间的教与学。

4. 提高自身素质，掌握良好的学习方法并做好推广工作，主动帮助同学，在班中建立良好的学习风气。

5. 自习课上，或者班级临时没有老师进班，学习委员要根据学科内容，酌情安排作业，让同学们有事做。

劳动委员：

1. 及时督促值日小组长每天分两次清洁教室与清洁区，一是早上早餐后第一节课前，二是午饭后午休之前，建议学校检查前仔细查看一遍。

2. 负责管理分配大扫除工作和检查大扫除情况，不得造成班级扣分。

3. 每天留意学校评分板，根据学校评分，结合班规，对值日小组予以考评。并要求第二天值日小组加强注意。

文娱委员：

1. 组织同学们配合教师上好音乐课。

2. 配合班级做好班级刊物的组稿、编辑、发行等各项工作。

3. 负责学校下达的各种文娱比赛，并取得佳绩。

生活委员：

1. 每周收缴早餐费与正餐费。

2. 负责督促小组长抬稀饭、拿早点、分发以及维持就餐秩序，如出现粥与早点不够的情况，及时处理。

3. 反映午餐情况，及时提醒乱泼饭菜的同学，维持就餐纪律。

4. 负责收缴班级活动经费，购买、分发以及保管物品。

纪检委员：

1. 管理好课间纪律，发现问题及时处理或协助班主任处理解决。

2. 督促班干部值日，关注班干部违纪违规的现象。

体育委员：

1. 组织同学们积极做课间操、眼保健操。

2. 配合体育老师上体育课。

3. 负责抓班级训练工作，体育达标优秀率、合格率力争前列。

4. 学校组织各大型活动，体育委员必须积极配合，组织全班人员积极参加。

班干部分工明确、责任到位，既不影响学习，也不乏个人能力的提升，这样的班干部学生才愿意做，家长才可以接受，才会对孩子的成长起到积极的作用。

(二) 培训指导

关于班干部的培训我不建议做得特别正规，有些班主任把企业管理、教师培训等成套的做法稍稍改良，然后就往班干部培训上套。我认为过于专业化的班干部培训恰好是班主任不专业的表现。试想，孩子毕竟是孩子，成年人都做不到的事情，班主任强加给他，那是拔苗助长了。

管理真的是一门学问，很多成年人都不懂，何况孩子们呢。这就要求班主任教他们如何去做。班干部也有学习任务，时间和精力都是有限的。那么在用最短时间且不影响孩子学习的情况下，如何让班干部有效地管理好班级呢？

我觉得，班干部的培训应该以提升现场解决问题的能力和指导实际操作的技法为主，最为重要的是让班干部在管理上精进的同时又不违背孩子身心健康成长的规律。这才是班级管理中需要的班干部培训，其实也是对孩子良好品行的培养，属于德育的范畴。只有将班干部培训做成学生德育的一部分，容许犯错误，不必完美，逐渐成长，那才是一箭双雕的好举措。否则，不仅班级管理难跟上，而且学生成长也会受到影响。

培训班干部

到点了，我来到班级，教室的清洁还没有做好。只见姚莹拿着拖把忙前忙后，怎么就是不听话呢？我说好几次了，值日干部最好不要参与劳动，仅仅督促就够了。我们班实行的是小组长负责制与班干部督促制相结合的制度，姚莹的做法就剥夺了组长的权利。

"童德政不管！"姚莹气呼呼地说。只见童德政坐在座位上，也不狡辩。童德政这孩子本来就有些软，每次他们组值日都有些拖拉。

"不管是他的事，"我声音稍微大了点，"你只负责督促。"

姚莹还要说什么，被我制止了。我知道姚莹很认真负责，生怕班级检查中出问题，但是这也不是办法啊。

"童德政的事，让他自己做，"我继续对姚莹说，其实也是在说给童德政与班上的同学们听，"他不做，按照班规该怎样处理就怎样处理，你做好你的事就可以了。"

我说完就走了，不知道童德政行动没有，也不知道后边发生了什么，反正班干部要开一次会，统一思想。

晚自习之后，我将班干部和小组长约到教室前的大树下做了简单的交代。

第一，明确职责，做好自己分内的事。组长负责安排好每天做清洁、抬早点、分发早点的人员，定岗定员，这样每到自己小组值日的时候，孩子们就各负其责，形成规律。

第二，有不执行的，尽快寻找替代的人。组员不服从，组长向值日干部反映，由值日干部及时安排人手；如果组长不负责，值日干部就代替他安排，行使组长权利；如果值日干部不督促，纪律委员可以替代之，如果纪律委员监管不力，班长可以直接插手。有人说，班长不作为呢？

哈哈，那就就地免职啊。

第三，对于班级事务中完成的好坏，根据班规予以相应的评价。按照量化管理，该奖励加分的就加分，该惩罚减分的就减分，严格执行。

第四，无特殊情况，班干部不要越位。特别是午休值日的时候，值日干部一个人就行了，不要又是值日干部，又是纪律委员，又是班长，两三个干部在教室里走来走去，在讲台前晃来晃去，从某种程度上来说，这其实是在扰乱班级午休秩序。实在是值日干部管不了了，纪律委员可以出面协助；问题更严重的话，甚至需要班长站出来，但这种情况就属于特例了。

这样，班干部与小组长更加明确了自己的责任，也明确了同学们不执行自己决定时该采取的办法。他们再也不担心同学们不服从了，因为没人做事，他们可以自己做，这样可以得到奖励加分。

班干部们开心地离开了，我想他们应该知道自己该怎么办了。其实，这就是对班干部的培训。而这刚好是我们很多班主任忽视的问题，只要班干部们做事，却不对他们进行相应的"岗前培训"，他们真要在工作中碰到问题，该如何面对？他们毕竟只是孩子啊。

前段时间，在全班讨论我们需要什么样的班干部，就是为了让孩子们知道我们班级管理的理念，让他们明白"班干部"这个概念全新的意义，更让班干部明白自己的职责与权利。接下来的班干部选举也就是对这个理念的见证，让孩子们都接受我们班民主的思想与"服务"的理念。这样对班级民主化进程以及孩子民主意识的培养是有很大帮助的，而这就是班级文化建设的基础。

目前班级发展很正常，孩子们也逐渐接受了这些观念，希望班级越来越好，希望孩子们能健康成长。

2012 年 9 月 24 日

　　班干部的培训首先是要他们明确班干部的职责与工作范围，然后教他们如何管理、履行职责的一些方法，通过不断的强化，让他们积累实践的经验。班干部的培训最好日常化，有情境，现场感强，班主任随时指导班干部，有时还可以召开会议让大家讨论，效果会更好。

再次培训班干部

　　晚自习后，我召集班干部开会。

　　我收集了量化管理得分低的学生的反思文字，然后一一念给班干部们听。这些文字中，有承认错误的，有诚恳悔改的，有愤慨不满的。特别是念到学生不满的时候，姚莹、谢淑慧等反应有些强烈。我示意他们不要激动，我们仔细听完再说。最后我慎重地将喻千的文字一字不漏地念给他们听，希望他们不要有抵触情绪，有则改之无则加勉。

　　我的分一多半都是冤了。因为我自己每天都没有怎么犯错误。再说了，他们记我，我也不知道，特别是那个陈浩然，一直都针对我。我只在寝室里得罪过他，并且我也当着寝室成员的面向他道了歉。可是他在寝室也大吵大闹过，我说他，他还不听。

　　还有那个谢淑慧也是的，我明明看见她已经被扣了十多分，但是她值日的时候，自己偷偷摸摸地把分数改少了。您可以看到在她的一栏有明显改过的痕迹。她一直都扣男生的分，女生打男生也不管。她说，我又没有看见。有时男生看班务日志，她知道后就大扣特扣。您也可以看到女生的分很少被扣，多半男生都怕她告诉您。

　　特别是那个姚莹，每天午休时都在班级里大吵大闹，不让别人讲话，她自己的声音比谁都大。

　　不是说我没有犯错，可以这样说，和严明打架后，我就很少骂人了。可是她们几个女班干部偏偏都把男生的分扣在"骂人打架"一栏。

我看见我被扣了这么多的分，就去和她们理论，可是她们说，我犯的错自己心里清楚。我说："不知道，你们告诉我，让我扣个明白。"她们竟然说，为什么告诉你啊。听着这话，我的两颗热泪啊在眼眶里打转，心里已经哭了。

您说，100分突然被冤扣了二三十分，真可惜呀！请您帮我把男生扣的分挽救回来，把男生的尊严挽救回来，谢谢。

念完，我看着班干部们笑笑，他们也都笑了。估计是因为是喻千的"两颗热泪"吧。

接下来，我让他们一一解释喻千提到的现象。

姚莹说，我的声音是大了点，我不该吵同学们休息。但是我不大声，他们不听。哈哈，声音大就有威严，这是孩子的逻辑。她又举例了。她说有些同学不肯睡午觉，而且又不听班干部的，只有大声，严厉点才能制止。

谢淑慧承认自己的错误，很不好意思地低下了头。

女生班干部投诉男生班干部和稀泥，不严厉。我笑着说，男生班干部多有风度。你看李希雨、李恒新他们，多儒雅。这俩小子笑得特别灿烂，我顺势说，他们没有大吼，只是小声提醒那些不守纪律的同学。女生班干部不服气，说他们怕得罪人。这样男女生班干部就相互吵起来了。我看着觉得好笑，这就是孩子啊。

时间也不早了，办公室外边有几个学生在等着他们一起回家呢，于是我简单总结。

首先强调，班干部之间要团结，不要有男生女生的分歧。我们班本来男生女生就有矛盾，需要调和。如果男女生班干部之间都不和睦，更不利于班级的管理。班干部要统一思想，齐心协力管理好班级。

第二，班干部行事要有原则，不要凭个人情感与爱好来处理班级事务。而这个原则就是班规，班规还没有完善，需要补充、修正的，明天班会来集中讨论。只有这样，我们处理班级事务才会公平公正，才能做到让同学们心服口服。

第三，班干部要注意自己的一言一行，不要在管理班级的时候乱说话。姚莹管理午休时，大家都在休息，只有一个同学不听话，你管理是对的，但高声提醒，就对他人造成了干扰，影响大家休息了。还有谢淑慧，女生欺负男生，你说没有看到，这样男生就会不服从你。至于李希雨、李恒新，如果在背后支持男生不听女班干部的话，这样男生就会觉得有班干部的支持了，他们有可能敢公开对抗女班干部的管理，这样不利于班级的发展。每个班干部一定要注意自己的言行，因为全班的眼睛都盯着你们呢，千万注意。

第四，记住班干部的责任：服务。班干部是为同学与老师服务的，更是为班级服务的。我们任何的言行，一定不能影响我们"服务"的宗旨。很多时候，我们要多用心去思考问题，不要简单粗暴。这样不仅利于班级发展，对自己也是一个挑战，更有利于自我成长。

第五，班干部一定要好好学习，努力提高自己的成绩。分数不重要，但是我们学习的态度一定要好。不跟别人比，跟自己比。每次考试全校都会排名，班干部一定要力求上进，这样才能张扬正气，倡导良好学风。在这次检测中，易佳慧下降15名，李希雨上升42名，沈润欣上升64名，姚莹上升8名，谢淑慧下降3名，李恒新上升21名，陈浩然上升1名。班干部总体情况是很好的，大家继续努力。

明天讨论完善班规，实行班干部与学生对话，期望班级管理能借此出现一个质的飞跃。

2012 年 10 月 11 日

班主任给班干部做了一两次培训后，一般都会觉得他们可以胜任了。其实，我们错了，很多工作需要强化，需要不停地重复与细化。工作流程不停地重复，内化进班干部的血肉，形成一种良好的习惯。而工作不断地细化，让班干部更加关注细节，这是成功管理的前提。

值日干部该干什么

进班上早读，我经过（3）班的时候，发现他们的班长在领着学生读书，井井有条。而来到我们的班级，有下位的，有做作业的，有自己玩的，还有说笑的，我心里很不舒服。虽然告诉过班干部该如何管理班级，但是他们落实不到位，不怪他们，是我没有督促。

"易佳慧！"我大声叫正在看漫画的班长，"你带着班干部去看看（3）班在干什么。"

很快他们进来了，很安静地进了班，什么都没有说。

"你们看到什么了？"当着全班，我很平静地问他们，"易佳慧你说。"

"他们班长带着学生在读英语单词。"易佳慧站起来告诉我。

"那你们在干什么呢？"我质问。

"我们英语早读也是这样的。"她不服气地说。

"其实，我都教过你们该如何做，只是你们没有落实，"我语气缓和了，"今天我们开个会，谈谈具体落实班干部值日的问题，确保班级正常的运作。"

晚自习后，学生们如约到来，唯有李恒新没有到，听说去寝室了，估计把这事忘得一干二净了。孩子们就是把什么事都不当事，李恒新还是我们评选出来的优秀学生干部呢。

我没有理他们，在电脑上做自己的事。五分多钟后，还是六个，我说，解散吧，人没有来齐。班长急着说，我们安排人去叫了，马上来。

终于到齐了，我把班干部值日的问题捋了一遍。

值日干部一天该干什么啊？

早读，清点人数，早读教师不可能那么早到，那么值日干部就要带着学生读书，或者给学生布置任务，确保班级纪律。

中午值日，带领学生学习，监督小组长做好清洁。到点就清点人数，有作业就安排学生完成作业，没有作业就布置英语抄写，或者数学作业。课代表平时要找科任教师领取学习任务，确保课余时间的班级纪律。至于清洁，要提醒小组长，十二点二十提醒一次，同时要检查他们完成的情况，指导他们尽快完成。

晚饭后值日，主要是组织学习。

这是值日班干部一天要做的事，同时我强调班干部一定要做好自己，不然何以服众。今天中午，十二点的时候，我进班，看到学生都在玩。我问，有作业吗？音乐委员姚栎说有。本来语文课代表姚莹要布置作业的，后来就罢了。但是她两笔就做完了，我真以为有作业，所有的学生都好像没有事做，惹得我发脾气，责怪学生们不完成作业。姚栎一直玩了五分多钟才开始做事，但就傻坐着。班长易佳慧也看了很长时间漫画书。我很生气。十二点半的时候，我要作业完成了的学生举手，都举手了，原来没有作业。这半个小时就那么混过来了。班干部不做好表率，我们这个班级就真的完蛋了。

我还与班干部商量，如何做好上课前的准备工作。往后，我们每节课上课前，值日干部要求大家安静，做好课前的准备。大叫"安静"，我很不喜欢。可不可以安排唱个歌，或者高声齐颂点什么？如格言警句啊，要不我们也像《我是特种兵》中的小庄他们一样，喊喊口号，鼓舞士气，提醒大家尽快进入学习状态。班干部们很有兴趣，我也给他们建议，比如齐颂"父母养育辛苦，报恩唯有读书""守纪、勤学、自立、自强""我们在改变，我们要进步"等。孩子们基础比较差，说不上道。我说那就全班征集去吧，毕竟是要全班齐颂的。

前两个月，我只告诉孩子们一个观点：班级是大家的。要学生自己定班规，要学生自己管理。目前框架基本出来，剩下的就是如何落实了。本月我将全部具体到每一个细节，让孩子们有一个真正的转变。

2012 年 11 月 19 日

班主任在对班干部工作进行评议与考核的时候，一定要按照程序来检查。学生很容易懈怠，在习惯没有养成的时候，班主任要提醒，还要有专门的学生来监督。

为什么不按照程序来

午休铃响了，学生会的值日生要来检查了。但是，教室里还有最后几个进来的孩子们的脚印没有拖掉。

自从我规范了小组长值日后，他们定编定岗，按照程序办事，班级每天的清洁检查都是优秀，今天就难说了。

我有些急，但不是因为得不到优秀，而是因为丁香怡没有按照规定的程序来做事。

孩子们都上位后，组长最后将教室拖一遍，这样午休一结束，教室地面就干了，整洁了，多好。

进我们班检查的时候，我们班的杨欢是学生会成员，一把抓过袖章就径直走进教室检查。很显然，杨欢这小子怕其他学生会成员来检查发现我们班的问题，自然我们还是优秀了。

检查结束了，在开始播放《我是特种兵》前，我质问了丁香怡。

"为什么不按照我的程序来做？"

"今天要不是杨欢精明，我们班教室清洁绝对不是优秀。你看你们十个人做清洁，那么辛苦，其实只用了不到二十分钟就做完了，但你看最后的结果，检查的时候教室还有脚印。"当时我很严厉，丁香怡流泪了。

这是一个很优秀的小组长，今天也不知道怎么了。"我们做了事，不能功亏一篑。明白吗？"

全班学生赞同。

工作的程序必须要不断地反复，程式化，做熟练，这样才会高效，下阶段我们会安排一个清洁的计时，从开始到结束，看耗时多久，以此来锻炼孩子们的速度。就像《我是特种兵》中的营救人质时一样，从进屋到控制三秒。这些孩子做事不紧凑，没有压力，不紧不慢的。下周，我们试试，看有没有进步。

孩子们的很多行为，我们必须不断地强化。

在规范的前提下，对孩子们的行为不断地进行正强化，认可，奖励，逐渐形成他们的习惯，这对于成长中的孩子特别重要。班主任要培养孩子形成良好的习惯，就要不断地进行正强化，让孩子们能真正养成好习惯，成就他们未来美好的人生。

今天确实是一个教训，我希望其他小组引以为戒。

斯金纳所倡导的强化理论是以学习的强化原则为基础的关于理解和修正人的行为的一种学说。所谓强化，从其最基本的形式来讲，指的是对一种行为的肯定或否定的后果（报酬或惩罚），它至少在一定程度上会决定这种行为在今后是否会重复发生。根据强化的性质和目的可把强化分为正强化和负强化。在管理上，正强化就是奖励那些组织上需要的行为，从而加强这种行为；负强化是指为了使某种行为不断重复，减少或消除施于其身的某种不愉快的刺激。负强化的方法包括批评、处分、降级等，有时不给予奖励或少给予奖励也是一种负强化。正强化的方法包括奖金、对成绩的认可、表扬、改善工作条件和人际关系、提升、安排担任挑战性的工作、给予学习和成长的机会等。

开始，斯金纳也只将强化理论用于训练动物，如训练军犬和马戏团的动物。以后，斯金纳又将强化理论进一步发展，并用于人的学习上，发明了斯金纳的程序教学法和教学机。他强调在学习中应遵循小步子和及时反馈的原则，将大问题分成许多小问题，循序渐进；他还将编好的教学程序放在机器里对人进行教学，收到了很好的效果。

斯金纳的强化理论和弗隆的期望理论都强调行为同其后果之间关系的重要性，但弗隆的期望理论较多地涉及主观判断等内部心理过程，而强化理论只讨论刺激和行为的关系。

2012 年 11 月 28 日

班干部经过这样的培训和指导后，一般都会明白自己的基本职责，在日常管理中一般还比较受用。更加重要的是，孩子们喜欢这样的培训，因为他们的管理、处事、沟通等各方面的能力都得到了提升，也就是说，做班干部实际上就是个体成长的过程，那么就不再存在影响学习之说了。

四、选举周期

选举周期其实也就是班干部的任职期限问题，这个还是有一些学问的。

班集体在不同的发展阶段，对班干部的任职期限都有一定的要求。我们就拿初中阶段来说吧。

前边提到我班的民主选举制与班干部的培训制，那是在班级刚刚组建的时候做的，并且一般是在七年级做。

第一学期我会要求学生每月对班干部进行一次考评，每月更换一次，并规定：每届班干部中的优秀班干部直接留任。考评采用最简单的方式，干部述职后，学生投票。

第二学期，班干部选举、考评等都不变，只是时间由一个月延长至两个月。一学期就只进行一次班干部的轮换，这样班干部逐渐稳定。

这样经过七年级的一个学期后，班级的"核心领导人"就基本确定了。八年级的时候，对一个成熟的班级来说，稳定是很重要的。因为这个时候学生个体与群体都处在急剧的变化中，两极分化严重。

九年级的时候，学生行为基本规范了，班规也已经内化成学生的习惯，全力以赴备战中考，那么班级管理上基本就是无为而治，班规已经形同虚设。这个时候，深受学生爱戴的班长只是班级事务的牵头人与召集人，同时也是留在孩子们心中最温暖的形象，多年后"老班长"会成为你生活中非常重要的角色。

毕业年级，我习惯在班级开展"今日我最大"的主题活动，这其实就是常做的"值日班长"。这个活动保证分配给每个学生一天。在这一天，他担任班主任，我做他的助手。他的主要工作有：第一，他要负责一天的管理工作，如体育锻炼、早餐、清洁、午休纪律等，还要处理班级的偶发事件，他可以组织学生学习、训话以及对学生表达自己的心声等。第二，他要在当天的晚饭后或者晚自习下课后与我谈心，谈他这一天的感受，以及准备怎么写班级日记。第三，他要负责及时撰写当天的班级日记，并交给我面批面改，最后誊正到统一的稿纸上，张贴在班级的墙上，进行展示。这样做有很多好处，比如培养学生对班级的感情与责任感，加强与学生以及班主任的联系，培养处事能力以及写作能力等。

在这个过程中，对班干部一步步地预设与培养，更多的是实践过程中阶段性、渐进性、系统性的体现。如果盲目地去做，势必会出现很多意想不到的问题。比如，在最初进行民主选举的时候，我是有铺垫的，讨论后定标准，然后告诉学生投票的意义等，这样选举才会顺利地进行，选举结果也会尽量接近真实。一月一轮换，主要是让有领导才能的孩子都能冒出来，真正成为班级的领头羊，这对于新班组建后的管理班级与发展，是有好处的。至于初三时候让每个学生都得到锻炼，留一个美好的回忆，这对于孩子的成长以及初三阶段的备考等都是有帮助的。

　　无论是选举，还是班干部的培训，都应该是对学生的德育教育，给学生们最好的成长。这样才能让班级管理与学生成长有效地结合起来，实现真正的双赢。

第四章 如何编排座位

如何排座位，一直是困扰班主任的难题。因为要考虑太多的因素，照顾到太多的方面。因此，班主任们一直觉得编排座位非常棘手，众口难调，顾此失彼，难以面面俱到。当然也有很多班主任在突围，他们在实践、创新。下边是笔者在草根班主任 QQ 群中收集到的几位优秀班主任的做法，以飨读者。

如何科学合理地编排学生座位

湖北武汉　舒晓辉

据报道，2011 年 9 月 6 日下午 5 点左右，河南项城市人大办公室副主任刘建立，因其孩子座位问题，大闹校园而被免职务。人民公仆居然为此事冒着"丢乌纱帽"的危险而为之，可见科学合理地编排好学生的座位是何等重要。作为座位的编排者，我们班主任究竟应该怎么办呢？在我多年的初中班主任经历中，我是按照以下原则操作的。

一、按照学生的身高视力优先原则编排座位

一般来说，组建一个新的班集体时，由于不了解学生的性格、兴趣、

特长等个性因素，编排座位的最基本原则应该是优先考虑身高和视力。个子矮、视力差的学生座位稍微靠前，个子高、视力好的学生座位稍微靠后。这样的好处是避免高个子学生挡住矮个子学生的视线，或者视力差的学生看不见黑板上的板书。这样一来，可以尽量做到面向全体学生，尊重每一位学生，去除各种功利思想，让学生有平等的感受，在新的集体中在同一起跑线上奋力拼搏。

二、按照学生的性格互补原则编排座位

每个学生的心理素质和心理承受力有着极大的个性和差异。按照学生的性格互补原则合理地编排座位，可以起到对学生心理调节的杠杆作用。我们最好把热情、活泼、开朗、外向、进取的学生和含蓄、内向、胆小、文静、自卑的学生科学地混合安排在一起，这样可以让前者影响带动后者。当然，这条原则的前提是前者要具备善良、乐于助人的品质，否则就会事与愿违。

三、按照学生的学习兴趣、学科特点的竞争和互补原则编排座位

在编排及调整学生座位之前，要全面了解学生的各科学习情况，把学科上有相同兴趣和优势的学生安排在一起，为他们提供相互切磋、探索竞争的平台，有利于班级形成你追我赶、抢前争先的良好氛围。

同时，也可以把学科上有差异和错位的学生编排在一起，结成"一帮一"对子，达到互通有无、互相帮助、共同进步的美好结果。这样不仅有利于同桌在每天的学习过程中学习同学优势学科的良好学习方法，提高发展自己薄弱学科的学习能力，同时，在帮助同桌的过程中也能提高锻炼自己的自信心和成就感，这样就能潜移默化地发挥学生之间的自然教育作用。

四、按照男女性别搭配原则编排座位

学生进入初二的时候，慢慢进入了青春发育期，逐渐对异性开始关注。我习惯于从初一一开始就按照男女同学交叉搭配编排座位，尽量淡化男女之别，让他们在日常的学习和生活中尽情、自然大方地交流、沟通、探讨、争鸣，与前后左右的男女同学打成一片，形成"班上无论男女同学皆朋友"的概念，不要让学生因为隔离而缺少和异性同学打交道的机会，从而对异性同学产生一种神秘感。相反，我们要正确引导学生如何与异性相处，个别产生有特殊的好感也要正常化、淡化其特殊性。长此以往，学生之间会形成与所有同学正常交往相处的人际关系。

五、按照定期循环移位、微调变动的原则编排座位

如前面所说，按照身高视力优先原则编排了座位，而班级管理中又不可能永远地将学生固定在某一个位置，所以，我一般在周末按单列从左到右循环以"列"为单位移位一次。这样，教室中一般编排八列四组，学生又可以和新同桌交往一周。同时考虑到前后座位的轮换问题，将各列同学按身高从教室中间分成高、低两段（以前后共六排为例），前后三排滚动：每个学生每周向后退一位，第三排的学生坐在第一排，依此类推；后面高段滚动时，每个学生每周向后退一位，第六排的学生坐在第四排，依此类推。另外，有个别近视的同学坐在前排，只参与列的轮换，不参与前后轮换。这样，每个学生都会坐到教室的每个地方。同时，还可以根据学生在学习、生活中的变化情况，进行微调，尽量做到让座位编排效益最大化。

如果在编排班级学生座位时，班主任公平合理地考虑到了绝大多数同学的切身感受，同时又兼顾了极个别同学的特殊考量，实行动态管理，阳光照到了每一位学生，那么学生和家长就不会有太多的意见，甚至过

激反应。科学合理地编排学生座位，有利于学生的性格培养和良好人际关系的建立，有利于学生学习效率和学习能力的提高，也有利于学生身心健康的发展和良好班风学风的形成。

关于座位编排的思考和实践

山东青岛　张纪明

班级座位编排是一件很简单又很复杂的事情，但是要想排得让每一个学生都满意，达到最佳的组合状态又是一件非常困难的事情。因为诸多因素影响着座位的编排：身高、视力、性格、学科互补等，下面我就谈一谈我在进行班级座位编排时所碰到的一些问题及思考。

由于每年高三半路接班，一开始对学生情况不了解，所以我是完全按照原来的班主任的座位安排，先按兵不动，或者直接按照高矮个分配座位。由于刚开学第一个月，对学生还不是很了解，所以这样编排是比较合适的。接下来的一个月就是我的观察阶段。基本上一个月的时间，一个学生的本性就多多少少有点暴露出来。有的学生安静，有的喧哗，有的同桌两个人性格完全不合，甚至有的开始有了矛盾。所以到第一次阶段考试，我一般就要对班级的座位进行调整。一般一个月过后，我开始进行分组，先指定学习组长，然后进行双向选择。除了学习组长之外，其他同学自由组合，然后找组长报名，每一组有两排（男生和男生坐，女生和女生坐），每两周进行座位的平移，这种最传统的编排方法。后来我对小组进行了改进。

改进 1："将带兵"

一个小组六个人，成绩最好的是学习组长，然后学习组长组织小组成员选出纪律组长。此时小组的座位开始发生变化，采用"将带兵"模式，两个组长相当于"将军"，坐在中间，四个小兵位列两边，如图：

小兵	将军	小兵
小兵	将军	小兵

这样做的好处是划片自治，提高效率。

改进 2：组间同质

由于双向选择的过程中不能保证小组力量均衡，有的小组只有学习组长成绩较好，其他都是班级倒数，导致组长压力很大，常常找我诉苦。所以，在分组的过程中，我考虑了成绩因素对小组进行均衡，有利于引入竞争机制。我要求自由组合过程中每个组都尽可能有班级前十名的同学，前二十名的同学和前三十名的同学。

改进 3：高矮凳

组间同质带来了新的问题，实现组间同质的过程中，小组内部的身高产生了很大的障碍。班级最矮的和班级最高的同学可能被组合到同一组。经过全班商议，采取了高矮凳的方式，高凳子矮个坐，矮凳子高个坐。还是不理想的话，就让高个靠边坐，或者每次平移、轮换的时候都要靠墙坐，尽可能减少对后面同学带来的影响。

改进 4：局部分组

为了解决组内高矮个的问题，我又进行了改进。接手新班后先按照高矮个安排座位，然后再进行局部分组。班级 60 个同学，前六排的矮个为一个分组单位，后四排的高个为一个分组单位。矮个的同学自由组合的时候必须在矮个分组单位内进行，高个的同学也必须在高个分组单位内进行。这样形成的小组就解决了高矮个同组的问题。

分组结束了，每个组在教室的位置应该如何分配呢？抓阄。

谁先抓谁后抓呢？剪子包袱锤。

改进5：前后移动

由于班级形成了两大阵营，高个阵营和矮个阵营，为了尽可能公平，我采取了左右平移和前后平移相结合的方式。全班为三大列，两大列是矮个，一大列是高个，矮个的两列和高个的一列都在自己阵营内进行前后左右移动，这样保证每个组都能在最前排，也都能到最后排，而且不存在相互遮挡问题，在一定程度上实现了机会均等和教育公平。

改进6：交换生

几个人总是在一个小组，时间长了难免磕磕碰碰矛盾重重，经过个人申请和小组同意，我们实行了交换生制度，不断给小组进行更新。我编排座位的唯一目的是互赢，所有考虑的因素都是朝着这一个目的去的。我希望能达到的理想状态是同桌之间不要性格太合，但是也不能有太多的矛盾。性格太合容易说话影响纪律，矛盾突出容易影响心情。所以我的原则是把一些我觉得性格有点差异又不是很直露的学生编排在一起坐，随意、特别爱讲话的学生，那就只能安排闷葫芦的学生坐在旁边了。在座位安排好以后，一般不轻易换，学生要是找我换座位，我要求她征求她前后左右同学的意见，大家都同意了再来和我说，学生怕麻烦，一般也就作罢了。

正如温斯坦所说："没有一种座位安排可以满足所有班级，所有学习场所和所有人。教师应利用教室座位安排达到他们具体的教学及行为目标。"今天想想，编排座位基本没有固定的模式，怎么能让学生静下心来努力学习，少说闲话不虚度光阴就是我的最终目的。

我的班级座位发展历程

广东中山　刘宝剑

入职之前，从来没觉得学生座位会是一个让班主任头疼的问题。等到真正投入到班级管理中，才发现学生座位关系到班级的稳定与否。多年来，一路摸索实践，从焦虑到自信，从手足无措到得心应手，从亲力亲为到运筹帷幄……我这样走过。

一、班主任说了算

当班主任第一年，把安排学生座位当作一件非常重要的事情对待，认为座位安排得好，班级就会少出乱子、稳步发展。基于这种意识，我认真分析学生特点，两两配对，认为他们是彼此最好的选择。没想到，我辛辛苦苦排好的座位，同学们并不买账。但是"开弓没有回头箭"，尤其是我这样一个新老师，朝令夕改很容易让学生质疑我的权威，于是，我硬着头皮，强令推行，好在学生也刚入学，对新环境还不太熟悉，对我的"强权"也只能是听之任之了。

但后来发生的事情让我始料未及。A 同学说他坐后面看不到黑板，B 同学说他和同座性格不合，C 同学说他和谁谁坐一起更能相互促进，D 同学说他的座位太靠前、仰得脖子疼……凡此种种，不一而足。总之，就是觉得目前的座位不合适，希望老师能帮忙调换。我开始变得忧虑和烦躁，只能答应他们下次尽量满足他们的要求。聪明的人都知道这会无限循环，因为你根本不知道之前你挖了多少个坑。

回顾这段时间的班级座位安排历程，我认识到当时我是在通过控制欲的彰显来掩盖自身稚嫩和不足。作为一个缺少经验和专业知识的新手而言，我很能理解当时的所作所为，其中的窘迫和苦闷也只有自己体会深刻。当然，如果从头再来，我一定不会以这种方式开启自己的教育之路。

二、学生干部说了算

成长并不是一夜之间的事。

吸取教训之后，我走向了另外一个极端——完全放权给学生。既然你们不满意我的安排，那我就放权给你们，坑不是我挖的，自然不需要我来填，落得自在清闲。我相信看到这里，你一定会觉得我任性、赌气，甚至觉得可笑至极：怎么会有这样的班主任？然而我想说：罗马不是一天建成的。你想要我这样的新手一跃成为班级座位管理的行家里手，那也是痴人说梦。

班干部信誓旦旦地向我保证，他们一定会让同学们满意。我有充分的理由相信他们：一、他们更了解同学；二、他们和同学之间的伙伴关系更能缓解座位问题带来的矛盾。然而，事实并非如此。座位排定之后，不少同学跟我反映，班干部安排座位时不能公平公正，有徇私行为。事实也是如此，然而，班干部的威信还是要维护，我想尽办法给他们解围，同时在班级座位问题上，我开始变得谨小慎微。

没有经过系统的培训和严格的考察，就放权班干部独立安排座位，这显然是不妥当的。即使班干部有能力有魄力，他也干不好这件事，且不说他自己置身其中，任谁也逃不掉存在于个人意识中的主观性。这样看来，班级座位似乎不是谁来安排的问题，而是怎样安排、用什么样的办法安排的问题。

回头看那时的我，思考开始变得深入，行动上也积极寻求突破。当然专业意识的萌发，并不代表行动上的正确。但是不管怎样，我开始试着走出班级座位安排的误区。

三、平均主义

班级座位，无论是班主任安排，还是班干部安排，都不能让同学们满意。既然如此，那就换种思路，定期轮换。毕竟班级是大家的，每位同学都有权坐"中心座位"，也有义务坐"边缘座位"，这种看似人人平等的平均主义，其实损害了那些平时表现良好的同学的正当利益。同时，也很不利于班级的健康发展，让本该朝气蓬勃的同学们变得毫无斗志毫无生气。可是，我当时并没有想到也没有能力想到这些。所以，班级座位的安排还是按照"平均主义"的指导思想，执行了一段时间。

刚开始，在自由组合同桌的基础上，定期轮换。后来，班级内部分了小组，座位就以小组为单位定期轮换，小组内部的座位则在征求小组长意见的基础上，由班主任安排。班级座位不与班规挂钩，独立于班规之外，单独执行。

我原本觉得，班级座位的平均主义让班级座位管理从"人治"走向"法制"。现在想来，班级座位的"平均主义"至多能称得上"制度"，离"法制"还差得远。班级座位的"平均主义"打消了同学们的积极性，觉得表现好坏不影响座位的轮换，班级因此呈现出不思进取、慵懒散漫的班风。好在我很快意识到这点，及时终止了班级座位的"平均主义"。

四、表现说了算

为了激发同学们的积极性，让班级朝着健康的方向发展，我试着把班级座位安排和班规并轨，也就是说同学们的平时表现直接影响座位安排。

在没有实行班级小组制之前，以个人为单位，综合平时表现和考试表现，其实就是平时量化得分加上考试得分就是个人的座位积分，然后根据座位积分的高低自选座位。这种个人自选座位的弊端是表现好的同学集中出现在一个区域，表现不好的出现在另外一个区域，好的越来越好，差的越来越差，两极分化严重，同学们各自为战，班级无法形成合力。而且这还会给积分靠后的同学带来羞耻感，这也是我最不愿看到的。众目睽睽之下，尊严任人践踏，任谁也不好受！

班级实行小组制之后，虽然也是执行座位积分，只不过不再以个人为单位，而是以小组为单位，奖惩都不再具体到个人，当然每个小组都有针对本组成员的奖惩制度。同时，我开始着力培养小组长，然后放权给组长灵活安排组内的座位。我现在的班级总共 58 人，至少有一半以上是男女同桌。这在以前是难以想象的，尤其是处于青春期的高中生，总是让人担心早恋的问题。但是各组的座位安排总有它的道理：爱讲话的男生配一个文静的女生，语文外语弱数学物理强的男生配一个语文外语强数学物理弱的女生……而且同学们友好相处，男生女生交往有礼有节。

此外，我还实行了小组之间的交换生制度。每组选派一位同学到其他组定期交流，交流时间一周到四周不等。刚开始的时候是我和小组长商量选定，后来同学们开始踊跃报名，都想要体验其他小组的日常生活。这样一来，小组之间推倒"围墙"，小组与小组合作交融，班级也由此打破了小组的行政限制，真正成为一个整体，一个"整有型、散有序""你中有我、我中有你"的班集体。

同学们在学习生活中，既你追我赶，又互帮互助，班级呈现和谐温馨积极向上的氛围。

回头看班级座位的发展历程，我的头脑中闪现出这样一句话：有想法才能有办法。当然想法不是凭空来的，它是基于个人的不断学习、实践、反思、再实践、再反思的专业自觉。

感谢过去不成熟的自己，他让我知道努力的方向；期待未来不断进步的自己，他让我对教育满怀热忱。

座位小玩法

山西吕梁　张文芬

第一次见有人将座位排出乐子来是在三年前吧。

有一位年轻的女班主任有几天一回到办公室就拿着小纸块不知道鼓捣什么，走近看才知道每一个小纸块上面写着一个学生的名字，那劲道有点像玩军棋。她说这样每一个学生的名字随时可以拿出来，然后与相关同学坐在一起，不合适再调整，直到自己调满意了去教室一安排就好。

这个办法是巧妙了些，但怎么个玩法还在棋子之间。有的人能将一盘好棋玩成烂棋，有的人能将烂棋玩成好棋，这中间的学问一般人参不透，照猫画虎难得实质。

第二次见有人将座位排出水准是在一次讲座上。

讲座的老师算不上年纪大，但一副久经沙场的感觉。他说，他排座位时先选出每个组需要的组长，然后把这些组长站成一排，由组长去选组员，当然组员是按照优良中差进行分堆的，根据组长和组员的意愿组合，这样组长管起来顺手，组员也愿意配合组长的工作。

这个办法的确也动了点脑筋花了点心思，但是由组长公开选人，也会无形中对那些人缘不是太好的学生造成伤害，如果真有一个学生大家谁都不喜欢，那也是很尴尬的一件事情。而且如果有的组很多同学都想去，也会让组长左右为难。不过，如果适当调整一下，就会更加合理，也会更好一些。

我们办公室有个老师这样做：将期中和期末两次考试成绩总分相加，然后选出分数最高的十位同学暂定为组长，同时把其他同学的成绩也按从高到低排列，十一到二十名同学为一组，二十一名到三十名为一组，依次类推。然后将分好组的同学按大小个排，每组中个最小的分别组合成为一组，第二组同样，这样不仅照顾了学生的学习层次，而且也不影响学生的大小个问题，个别不妥当之处再作微调。

第三次见有人将座位排出了无痕，是在一本书上读到的。作者说座位本身就是一个座位，实在无好坏之分，若强行划出好坏，也就意味着在你心中对座位已经做了一个鉴定。所以作者所用之法是抓阄，多少有点打彩碰运气，抓哪里算哪里。但是这样的做法似乎更适合刚入班的学生或大学生，不过大学生也不需要你去安排一个座位，而刚入班的学生经过了解后也不太适合自由择座了。所以还是有些不敢苟同，许是层次还达不到吧。

我一向习惯于按大小个再结合成绩排座位，自己感觉还算是公允，但也有遇到困惑的时候。因为按成绩按大小个总有些实在不爱学习的学生坐在前排然后还要干扰别人，这种情况在初三年级比较明显一些，也有些同学到最后感觉自己跟不动了，就会伏案睡觉。面对这种情况哪怕你再一碗水端平也会有老师提出建议，能否让优秀一些的同学在一起既可以互相商讨也可以互相鼓励。按照人道的做法，这些总是为人所不齿，但很多老师用过之后颇为见效。有很多学生也自觉自己学不会了，不会产生太多怨言，或许只是老师们听不到罢了。这办法对于升学压力下的老师们或多或少都会择中而为，诸事真的无法周全。

后来也采取小组整体迁移，优胜的小组可以自由择取座位，然后按小组得分逐一选取座位，只是也无形中给学生一种感觉，座位真的是有文章可做的。

老师们总想变着法子调动学生积极性，也想让自己的工作更加科学化。其实座位真的也只是个座位，但对于不同的人可能意义就真的不一样了。朋友那天讲，她孩子个子高，一直坐最后一排，而且挨着暖气挨着笤帚垃圾桶，老师却拒绝调整座位，哪怕平移，这一点让她真的感觉很气愤。我们做老师的真的要考虑周全一点，尽可能兼顾到每一个孩子。

　　还有些家长会因为座位问题给老师送礼，也有些老师会因为座位问题变成了炒作地盘的肥牛，这些毕竟少之又少，似乎也与我们的初衷相违背。所以还请身为教育者的我们，像爱惜自己一样爱惜我们的名誉，多一点思考、多一点智慧，让我们的每一个孩子都感受到阳光雨露的滋润，不要让这些小小的细节影响到整个教育的成败。

　　上边四位班主任，有湖北、山东、广东、山西等地的，可以说代表全国各地优秀班主任对排座位的思考，各有千秋，都注意到了对学生的积极性的调动，以及对每一个学生个体的关注。但是很多做法很难做到真正的公平公正，不过他们的思考与实践很值得借鉴。

　　下边是我对座位的思考与实践，没有谁对谁错，只想与大家一起来商讨"如何排座位"的问题。

一、我的经历

　　（一）刚参加工作的时候，我把班级分为几个学区，以几个尖子生为学区，让每个孩子周围都能有交流、请教、帮助的同学，让每个孩子都有一个好的学习氛围。让尖子生分布在全班各处，让同学们感觉到座位没有好坏之分。

　　（二）男女生分开坐，两大阵营，班级设男生女生两套班干部管理体系。这个是学习孙维刚老师的做法，实践过一阵子。

　　（三）目前抓阄排座位的方法稳定了十多年了，我会重点介绍。

　　十多年的班主任工作中，关于如何安排学生座位，我考虑了很多，也做了很多有效的实践。一次次的反思一次次的实践之后，我感觉越来越轻松愉快，而学生也越来越感到满意。

　　目前，我调座位采用的是抓阄的做法。也许有人会说这很荒唐，但这样会让每个学生感到座位并不是很重要，任何座位上都有成绩好的学生，任何座位都可以出好成绩；也更会让学生感受到在老师眼里他们是平等的。

我一般采用班干部监督制与小组长负责制相结合的班级管理模式。首先按照进班时的成绩尽可能地平均分配，形成几个各方面能力相当的学习小组，然后以这些小组为单位安排学习检查、清洁卫生等工作，这样也便于他们之间的合作与竞争。

我们的座位就是按照小组来编排的。

首先把班级座位大致分为几个区域，然后组长当着全班的面到讲台上抓阄。根据抓阄的结果确立小组落座的区域后，小组长采取一定的办法来合理编排本组成员的座位。小组长可以采取抓阄的方法，也可以自己按照组内的特质来进行安排，甚至包办都可以。无论组长如何做，只要他能把座位安排好即可。有人担心，如果小组长随意安排，怎么办？学生自然会提出反对意见。以小组长为中心，合理安排座位利于小组成员的相处与学习，也利于小组长以及成员的个体成长，也为日后组织小组间的各项比拼打下基础。

这样一来，学生在享受了班级公平公正的同时也可以有自己小组的特色，我省事了，学生也没有怨言了。想想以前，为了调一次座位，不知道花费多少时间，而且还众口难调，后续工作不断。现在只要十分钟就可以搞定，而且相安无事，还利于全班学生的和谐发展。

有人说，个子高矮如何协调啊？因为如果大个子坐前面，就会挡住后边的小个子。对此，我想说，日后走上社会，哪个用人单位会说，你个子小，优先照顾？看演出时，你个子大，你就该到后边的？而且，真正想学习的孩子是会自己想办法克服困难的。

也有人说，那眼睛近视问题如何协调呢？我想说，为什么要照顾呢？眼睛近视的，赶紧去配眼镜。一旦配上眼镜，那他们的视力跟大家一样了，根本不需要照顾。很多孩子其实根本没有近视，而是家长为了孩子能坐好位置而编的谎言，其实这样反而会导致孩子视力下降。

还有，什么关系户的照顾啊，什么成绩啊，这些都根本不予以考虑。

总有特殊情况啊，是的。每当这个时候，先由学生提出来，然后全班讨论，形成决议。无论结果如何，都可以体现学生之间以及来自集体的温暖与人文的关怀。

当然，这样做有个前提，那就是要做好班级文化建设，形成积极向上的班风与班集体。否则，来自方方面面的压力会让班主任举步维艰。

我认为，一个新组建的班级，只有这样，学生在心底那份被尊重所引起的自重才会焕发出无穷的学习动力，而产生向善向上的激情。我们加以引导，班级整体良好的情绪才得以建立，这恰恰是班级建设一个重要的群众基础。班级逐渐稳定后，还可以进行适当的改良，前提是必须经过学生民主讨论与集中，然后才能实施。改良的过程，其实就是民主与爱的进程，也是班级和谐发展的有效途径。

公平公正地对待每一个学生，是我们班主任的责任与义务，是我们所有教育教学工作的基础，是我们如何对待学生、如何处理师生关系的有效途径。说说容易，但要真正落实到实际工作中去，真的有一定难度。其实，最重要的是你能否舍弃功利。在应试教育的今天，我们不能改变大环境，但作为班主任，我们可以经营好自己的"一亩三分地"，让我们的学生感受到民主，感受到来自班主任的公平公正。

二、简评一些新奇的座位编排法

（一）根据学生到校情况，自由选择，这是兰州的代兴君老师的做法。这样做利于学生早到校，跟大学生课堂一样，自由选择，利于提高学习的积极性。

（二）尊重所有学生的想法，自由选择，个人申请，班主任汇总。这是一个教研员讲述他自己当班主任时的做法，个人觉得很理想，但操作起来不简单。

（三）根据成绩由高到低编排座位。在排座位时，全班学生按照成绩排名在教室外站队，然后按照名次进教室选座位。

（四）班币购买座位，看似刺激学生努力，但其前提就错了，它认为座位有好坏之分，认为座位很重要。这是严重的认知错误，外因永远不起决定作用。

（五）小组合作的排法。一定要运营好小组合作制，否则，这就只是一种形式，起不到任何效果。

三、对座位的认识

（一）座位本身不会影响成绩。座位只是外因而已，对成绩的影响不大，学习成绩能否提高关键还是在学生自己，不要迷信。

（二）编排座位体现班主任的教育观和学生观。班主任怎么看待座位，学生、家长等就会怎样去看待。如果不能一视同仁，学生就不会信任班主任。班主任也会因此失去大部分学生的支持，班级工作难以开展。

（三）座位与班级文化。班级氛围好，学风好，学生坐在哪里都一样；反之，不管坐在哪里都会受到影响。

四、座位究竟怎么调

（一）发挥教育作用

1. 充分发挥学生的主动性，告知学生：学习靠的是自己，不是座位。

2. 拒绝学生因为喜好而换位置，同学就是兄弟姐妹，这都不能接受与包容，同学间如何团结友爱，班集体如何构建？

3. 维护好自己的环境，做到严于律己，同时也要相互提醒与督促，班级内形成互帮互助、共同进步的良好风气。

（二）一视同仁

1. 对于近视、高矮、关系户等问题，不予考虑，前边我已经简要说明了原因。

2. 排座位出现的一些问题，比如高个子挡住矮个子，这些都可以想办法解决。我们班就可以下位听讲，可以把板凳搬到讲台旁抄黑板上的内容。张纪明老师的高低凳子，对高矮进行有效的调控，但不利于孩子身体发育。当然，办法总是有的，不要担心。

3. 每一个座位老师都能靠近，一般俯身就行，班级不要留有死角，以免老师走不到学生身边。这就要求桌椅摆放留空，方便教师走动。

4. 经过这么多年的排座位，见识了太多的排法后，我突然发现，排座位其实很简单，"轮换"即可。也就是说，无论哪一种排法都没有问题，只要能做到轮换，周期不宜太长，最好不超过两周，学生决议通过为好。每个同学都可以坐在班级任何一个地方，那就合理了，也就公平了。

以上都是关于座位如何编排，那么全班分几组排座位呢？

也许有人说，三组、四组、五组等都行，有讲究吗？我个人觉得还真有讲究。前面第一章提到，在学生做清洁的能力差的时候分两大组，教室留空少，清洁的难度小，检查得到优秀的概率高；学生能力逐渐提升，座位逐渐摆开。这里谈到的就是排座位与学生清洁能力、学校检查等的关系，班主任一定要考虑周全，才不至于因为座位的问题而影响班级荣誉和学生成长。

本章介绍了关于座位编排的一些思考与实践，并不是说哪种排法就好，适合你班级的才是最好的。

也许按照教育原理以及学生身心成长规律来看，你的排法不一定科学，但是适合当地的教育环境，或许就是最好的。比如有些地方教育观念比较落后，如果贸然进行抓阄调座位，可能会引来学校、家长以及社会的声讨和质疑，而比较保守甚至不科学的做法才是大家容易接受的。循序渐进，在特定阶段，最适合的方法才是最好的。一个地方、一个学校、一个班级等都有自己的文化意识以及环境特色，选择适合自己班级的排法最重要。

你可以适当地改良，也可以大刀阔斧地革新，我相信，本章介绍的座位排法总有一款适合你，请三思而后行！

第五章　如何进行小组建设

因为班级人数较多，管理起来有些难度，在新课程改革的今天，利用小组来进行班级管理成为很多一线班主任的选择。在班级管理中，化整为零，分成一个个小组，实行小组合作学习与日常表现一体化管理，对小组成员进行捆绑式评价，努力把合作小组建设成为一个有效学习的组织、有效管理的团队，实行小组长负责制。

小组长负责制就是由小组长带领成员负责班级日常事务的管理，并在与其他小组竞争的条件下开展工作，以此来丰富班级管理制度。几个小组长就是班级管理的核心领导人，他们是"军区司令"，他们在小组中全方位负责，包括学习、劳动、清洁、活动等，并做出相应的决策。

一、小组划分

按学习成绩，将班上学生划分为相应的几个小组。小组人数必须适合完成每天的各项班级常规工作。班主任尽量按照成绩平均分配，以利于日后学习成绩的竞争。

2012年9月，我班有51名学生，成绩最差的一名学生，语文4分，数学8分，基本上难以完成学习任务。开学两天哭着不肯上学，暂时不分组。由于六年级的农村学生劳动能力以及自理能力都不够理想，于是，我安排了每十个人一组。具体分组的情况见下表：

组别 成员	第一组	第二组	第三组	第四组	第五组
组　长	1	2	3	4	5
副组长	10	9	8	7	6
副组长	11	12	13	14	15
组员 1	20	19	18	17	16
组员 2	21	22	23	24	25
组员 3	30	29	28	27	26
组员 4	31	32	33	34	35
组员 5	40	39	38	37	36
组员 6	41	42	43	44	45
组员 7	50	49	48	47	46

表格中的数字为学生进班的成绩排名（但学生不知道），这样基本平均了。为了方便工作的开展，小组成员坐在一起。座位由小组长在领取小组区域后统筹安排。

小组划分还可以与分层教学挂钩，班级分成 A、B、C、D、E 等几个小组，成绩接近的一类学生在一组，也就是第一组为前十名，第二组为十一至二十名，以此类推。虽然方便了教学，但有些评价不好实施，最好慎用。还有一种方式，就是可以根据学生的兴趣爱好自由组合，但是这种方式不利于成绩的比拼，适合学习竞争压力不大的学段和班级。

二、小组职责

按照成绩，每组设组长一名，副组长两名，一般就是成绩排名的前一二三名。组长负责将具体的任务安排到人，同时监督检查各项任务的落实情况。副组长协助组长做好工作，同时在组长有事时代替组长主持工作。组员在组长的带领下进行学习、清洁、就餐、体育等，力求做到最优。如果这三名学生不能做到让同学满意，可以组内民主选举组长和副组长。也可以根据学生意愿，一开始就选举，方便自主管理就行。

组长必须把每天要做的具体事情安排落实到人，并督促到位。遇到组员请假或其他特殊情况，需要协调。比如，我们班有教室、教室前后、清洁区等几个区域的清洁任务，学校规定每天做两遍，并且还有专门人员检查评分，如果人员落实不到位，任何一个地方遗漏，班级都有可能被扣分。还有学习方面，各小组坐在一起，相互提携，利于共同进步。

三、组内分工

确定好组长后，组内无论什么事情，都要做好分工，不然就会人浮于事，互相推诿。这一点很重要，分工明确，实为目标明确，做到有的放矢，就便于把事情做好。

从早读说起，如何进行有效的检查。我建议他们将全组再分成三个小组。组长与副组长为 A 组，相互检查；平日完成各项学习任务最好的三位组员为 B 组，他们接受 A 组检查；完成相对较差的三位组员为 C 组，他们接受 B 组检查；每组完成最不好的一位，至少完成任务的三分之一。我希望组长将名单确定到位，落实到每一个人。在英语报听写的时候，组长可以组织组员在教室的任何地方进行听写，甚至可以组织他们到室外去，能真正将检查落到实处即可。

早餐时，组长要安排好负责抬稀饭、拿菜、提早点、还桶与菜碗等人员。每组十人，分两组为好。有的组长说，有些学生手上脏，有的不愿意做，也可以固定人员，总之，每天有人去做就行。稀饭桶放在讲台前，所有学生必须按顺序排队，不要拥挤。取完餐的学生必须从北边回到自己的座位，以免与站队的学生相撞，把稀饭弄泼。

做清洁的小组必须有责任意识，要尽快吃完，抓紧时间做清洁。小组清洁要分块到人。教室四个人，一个组长带领三个人；教室前两个人，一个副组长，一个组员；清洁区三个人，一个副组长，两个组员；教室、清洁区后边花坛一个组员，做完后就帮教室内外的同学做。组长拖地的时候，先拖一遍，等同学们都坐下后，最后一遍边退边拖。等待检查结束后，就将拖把放好。拖教室外的同学也是这样的，先拖一遍，然后最后检查前再拖一遍。在清洁区拖地的同学，拖最后一遍时，注意保洁，防止有人在清洁区乱扔垃圾。

2012 年 11 月 20 日

在小组内，明确每个人的岗位与责任，这样有利于提高办事效率。需要提醒的是，分工要根据不同的事项灵活调整，不能一成不变，同时，倡导同学之间的相互协作，特别是在有人员不能到位的情况下做好应急准备。一般组长是不安排岗位的，他只负责分工、监督与落实，在组员不到位时做好替代与补充工作。组长还有一个特权，就是可以调动班级任何同学为自己的小组服务，然后给予德育量化分数的奖励，也就是在工作没有人完成的时候，有权临时调配班上任何同学，只要对方愿意，参与即予以加分。如果做得好，享受班规的加分政策，而如果做得不好也不用扣分。这样我们班基本上不会出现无人做事的情况。这样就将有可能出现的问题都做好预案，避免偶发事件的发生影响班级管理。

四、工作流程

在组内分工的基础上，理清工作流程非常重要，这是高效轻负的必由之路。比如做清洁，我与学生商量后得出了一个流程：

　　第一步，组长先提醒大家做清洁，同学们将板凳放置在课桌上后离开教室，值日生迅速到岗；第二步，负责教室的四人，两个扫地，两个负责倒垃圾；第三步，倒完垃圾回来后，将垃圾篓放到清洁区，然后进教室扫地；第四步，做清洁区的学生，在扫地的同时将垃圾装到垃圾篓，然后将垃圾篓推到教室附近；第五步，教室扫完后，垃圾入篓；第六步，清洁区继续，教室开始拖地；第七步，后边花坛的垃圾入篓，清洁区做完，负责清洁区的同学倒垃圾，垃圾篓放回教室；第八步，做完清洁，同学们都回到座位，组长将教室内同学们进出走过的痕迹最后拖一遍，放好拖把。同学们再次下位的时候，教室就已经干了，不会再有脚印。

　　这样统筹安排，能有效发挥人员和工具的作用，组长监督落实，通过不断强化，最后然后形成习惯。还有组内很多工作，都程序化。只要加以强化，对于孩子们的办事能力会有很大的提升。

五、小组竞争

　　学校每天都要进行检查与评比，学校检查的结果是小组评比的依据。比如，每天的清洁以学校检查的结果为准，优秀的，组员都有奖；差的，组员都受罚；良好与一般的，就不奖不罚。奖罚主要是量化管理加减分，这些都是德育量化的内容。

　　这些都在班规讨论时提出，重要的不是奖多少与奖什么，而是授奖的仪式，激起学生的斗志。

　　除此之外，我们为了规范学生行为，按照班规，进行量化管理，给每个学生打分以此来衡量学生在校的表现。同时我们也进行小组竞争，评选文明示范组，也如成绩一样比拼，效果很好。

在小组划分的时候，还可以不平均分组，前边提到了一些分法，但由于学生在各方面都有很大的差别，在各项任务的完成上也一定会有很大的出入，评价起来有些麻烦，不利于竞争机制的引进，因此请慎用。

我们需要竞争

清楚地记得读初二的时候，我的数学老师让我们开展竞赛的事情。

那时，我们班有23名同学，其中女生6人。数学老师将成绩最好的五个封为"五虎上将"，我是"五虎上将"之首。老师将我们按照成绩分成三组，两组8人，一组7人。"五虎上将"每组两个不够，于是我就以一敌二。班级女生6人加上我就构成了一个特殊的小组。每次测验的时候，小组成员就一字排开。而试卷呢，只有三份，题目由易到难，学生也按照考试成绩由差到优，每个人有一题。采取"接力"的形式，最前边的做好后，就传给下一个，一直到最后。又计时又计分，既锻炼了答题的速度，也训练了团队精神。考核最差的一组就买糖给最好的一组吃。记得，我带着"娘子军"们经常赢糖吃，现在想起来都觉得甜滋滋的。

往事只能回味，而那逝去的岁月留给我太多的感慨。我为什么不可以让我的孩子们为未来制造一个美好的回忆？

2007年的时候，我曾经这样做过一次。当时班上有88名同学，分成8个小组，期中考试成绩倒数的两个小组受罚，成绩最好的两个小组授奖，中间的四组不奖不罚。我们奖励的是现金，一元、两元，自然这些都是孩子们认可了的。那天，班会课上，我们举行了隆重的奖惩仪式。优胜者站在讲台上，失败者就在下边鞠躬送上自己的一元或者两元钱。我不知道大家怎么看待这个事，我觉得挺好玩的。这么些年过去了，好多孩子仍会提及那时的场面以及对初中生活的留恋。

这学期，小组组建的时候，我对孩子们说，我们五个小组要在各个方面展开竞争，得到了孩子们的一致认同。大家都知道公平的竞争是有利于个体与团队发展的。按成绩平均分配小组，一个多月后，成绩就差距这么大，只能证明努力不够。就语文、数学、英语三门功课的总成绩算来，五个小组的具体分数是：一组1294分，二组1521分，三组1543分，四组1432分，五组1495分。从分数上是可以看出问题的，一组在做清洁、分发早点等工作上也存在问题，我希望他们能静心寻找问题，然后积极准备期中考试。

有好几次，我想由我来组织奖惩仪式算了。第一名小组每个成员奖三元，第二名小组每个成员奖一元；第四名与第五名自然就是罚一元与三元了。钱对于孩子们来说是小事，主要是一口气。但因为是第一次，我考虑再三，还是不搞大型的仪式为好。我告诉孩子们，期中考试后，我们会举行大型的表彰仪式。这次只算是预演，大家有个思想准备吧。

后来我让班长易佳慧处理这件事。不知道孩子们是如何处理的，我想对全班应该会有些触动的。我告诉孩子们，你们也可以小组之间挑战。如果你觉得你们小组应该不比哪个小组差，你们小组之内统一意见，可以向其他小组提出挑战，一旦达成协议，你们之间可以设置合理的奖惩，全班为你们见证；还有个人之间也可以，成绩差不多的相互比拼，成绩差的也可以和成绩好的比进步幅度等，反正只要能激励大家进步，双方自愿认可的都行。

我不知道这样做能不能激起孩子们之间的良性竞争，但是，我觉得孩子们应该有些生气，应该有进步的愿望。奖惩的形式还可以由物质变成精神的，奖惩的依据还可以是行为规范的量化管理得分，奖惩的仪式还可以丰富多彩、趣味横生。这样我们全方位地开展竞争，难道班级会没有活力吗？

为了迎接期中考试，更为了班级富有活力与凝聚力，我们需要竞争，我们需要游戏似的竞争丰富我们的校园生活，给孩子们的未来留下一份难得的回味!

2012 年 10 月 22 日

后来我们班级小组竞争后的惩罚做得特别有个性，我们称之为"虐待"与"被虐"。在小组总成绩竞争的前提下，组员之间也开展两两 PK。胜方可以提出虐待败方的计划，败方也可以请求胜方如何虐待自己。双方都用纸条写出自己的诉求，然后上交给我，我组织组长们一起决定。一般惩罚不允许出现伤害身体、人身攻击、牵连他人等，于是有学生要求败方背着自己绕教室一周，还有学生要求败方在讲台上做广播体操，还有的要求他们做搞怪动作，还有的要求他们亲吻墙壁，还有学生要求播放我平日拍摄他们宿舍的某位同学比较隐私的画面等。

这些因为竞争带来的奖惩，让孩子们觉得有趣，也为压抑的校园生活带来了一丝清新与感动，促进了同学间的感情，凝聚了班级活力，同时也让学生们在轻松愉快中学习，成绩自然会提升。

六、小组文化

每个小组都会有自己的特色，从而形成自己的文化。小组一般会有专属的组名、组徽、组歌、小组公约等，不一定要求规范，口头也行，主要是小组精神风貌的体现，让每个孩子都参与，尊重每一个个体。

常见做法参考团队活动的破冰之旅，把一帮人团结在一起。

小组文化的建设既要尊重组员的个性，也要凝聚集体的意识，让组员在团队中进步，让团队在组员的进步中提升。

七、小组评价

小组必须要有小组评价体系。这是激发学生的一个方式，也是小组建设的重要方面。

评选最佳优秀小组，星级小组，展示之星，点评之星，高效学习之星。制定小组评价方法：每周总结，张贴在黑板或者墙面上，量化。

八、责任培训

从组长到组员，都需要接受培训。小组负责制对学生来说是一个全新的东西，如何运作，班主任要将自己最初预想的方案告知学生，学生对班主任的用意了然于心，那么操作起来就会少走一些弯路。

在小组内部基本上实行自主管理，就是组长负责制，组员自主合作，完成班级规定的任务。习惯了被动接受的学生刚开始的时候会有些不适应，也有一些不知道如何做，班主任要在班级适时地进行引领，就像培训班干部一样。学生一旦接受，每个人的潜能就会被激发，那就是难以估量的进步。

将班级分解为几个小的团体，这样方便管理，利于学生之间的合作、竞争，同时也利于班级各项工作落到实处。班主任只要抓好几个组长，然后利用班干部进行监督和管理，班级就会"人人有事做，事事有人做"。

第六章 如何组织班级活动

一次糟糕的生日会

2013 年 3 月 28 日

"这是我见过的最糟糕的生日会！"

这是晚自习下课后，周洲离开教室时留在讲台上的一句话。

"呵呵，我要的就是这样的效果。"孩子们不解，我笑而不答。

三月生日的有谢世帅、王开和胡天治，我们班这学期开始给学生们过集体生日，这是第一次。至于如何做，我还真没有操心。眼看这个月快完了，我也承诺周四晚自习给孩子们办，姚莹、易佳慧等人在叫嚷，那就办吧。

如何办呢？我说，我不插手，你们班干部、小组长等商量。

孩子们高兴地出去了，很快他们有了意见，跑进来找我。

"老师，捐点钱。"姚莹嬉皮笑脸地求我。

"没有，我不出一分钱。"我态度坚决，让他们办，让他们为难。

"那我们收！"姚莹还不稀罕我了。

"那是你们的事。"我笑眯眯地看着噘着嘴的姚莹。

你们要做，我就让你们做，看你们能做出什么名堂来。这样的活动，班主任们一般习惯给孩子们设计好，我认为要想真正让孩子们过有意义的生活，还得他们自己来。很多时候，我们的教育故事可以不精彩，但必须真实，必须让孩子们成长。要将这个活动设计好，对我来说，不是什么大不了的事，但是我不愿意。孩子们哪怕做得不好，只要适时进行引导，就会有很大的收获。

过了会，就有丁香怡、汤顺美等人来班级收钱。好多孩子都不愿意出钱，这帮孩子从来都置身事外的，钱就是他们的性命。后来好像有陈浩然、周洲两个人各借给他们二十元钱，事情才得以顺利进行。

又过了会，姚莹、丁香怡等人来汇报工作。我说，我只需要一个人给我汇报。姚莹汇报大致如下：首先请小寿星上台，全班对他们说"生日快乐"；接着就请姚莹、丁香怡、易佳慧等人给他们生日的祝福，对他们说几句话；然后请小寿星谈生日感受；最后就给小寿星送礼物，唱生日歌。

好像就这样吧，我也记得不太清楚了。

接着姚莹要求出去买东西，我给他们写了出校门的批条，两个孩子蹦蹦跳跳地走了。

不知道孩子们做得如何，但我想一定是不怎么成功的。

东西买回来了，有生日蜡烛、冰糖、瓜子等，还有两样小礼物。

"有请本月过生日的谢世帅、王开和胡天治三位小寿星！"随着姚莹的大嗓门叫唤，由学生们自编自导的集体生日会开始了。

三个小寿星，在众目睽睽下，显得有些拘谨，好像犯了错误的学生。讲台的南端站着谢世帅，北端站着王开，姚莹、丁香怡等站在中间，显得很可笑。于是我将胡天治拉了过来，与他们一起，这样三个一排了。

只记得姚莹给他们每个人礼物的时候，其中给王开的是生日蜡烛，姚莹低声说，这个你让我们点了再给你。我觉得很搞笑，同时也感受到孩子们的天真无邪。

点生日蜡烛的时候，没有火机。孩子们找我，我说没有，我就是看热闹的，幸灾乐祸。然后他们要我捐献一块钱，我也拒绝。怎么办？不知道过了多久，是郑从武从外边买来了火机，这个问题才得以解决。办事不周全，三个小寿星站在那里像罚站一样，特别好笑。

姚莹开始给他们分发生日礼物了，接到礼物，小寿星们谈自己的感受时，我觉得孩子们很真诚。谢世帅眼里含着泪花，王开和胡天治也受宠若惊。这三个孩子在班级里都不是很出众，这次全班同学们为他们过生日，特别是全班洪亮整齐地对他们说"生日快乐"，这句祝福真能让人热泪盈眶。集体的温暖，着实感动人心。下课了，外班的学生都来围观，他们羡慕得不得了。

最搞笑的是零食怎么分发，我建议由小寿星来发。发着发着，不安分的孩子就开始抢了。最后，我要他们把冰糖给我，然后我随手一扬，就像人家结婚典礼时撒喜糖一样，于是孩子们一窝蜂地去抢，真好玩。

瓜子不能撒啊，于是姚莹就成了大家"捕猎"的对象，大个子姚莹都被挤得站不稳了，最后挤倒在地，急得姚莹发脾气。不过，刚嚷了一句，看到同学们拥挤在一块，她也乐得笑了。

看着这一幕，我真的很开心。好久没有这么惬意地笑过了。

虽然没有什么精美的礼物，但是我能感受到他们的快乐是发自内心的。这就是孩子，这就是我希望看到的真实的孩子。

快乐与物质的奢华无关，我算是真正体会到了。那一刻，49张笑脸真实地绽放，49颗心逐渐靠拢、交汇。那一刻，教室好美！

放学了，还有几个同学在捡地上的瓜子，也不管卫生不卫生。

虽然周洲说这是最糟糕的生日会，但是我觉得不是这样的。虽然没有规范的程序，也没有精心编排的节目，更没有丰富的礼物，但孩子们的开心是真实的，发自肺腑的，这难道还不够吗？当然，日后我们的集体生日会一定会一月比一月精彩，说不定若干年后，我们时常想起的，或者说最最难忘的就是今天这个糟糕的集体生日会。

四月集体生日会

2013 年 4 月 25 日

四月即将过去，老师再次组织学生开始四月集体生日会，我们几个班干部和组长又在一起策划。

经过一节课，我们已经商量完毕，于是我和姚莹去收钱。在收钱的过程中，班上差不多有百分之九十的人不愿意捐钱。有的说没有钱，有的说只剩 2 元乘车回家，我知道，他们许多人都在隐藏。我与姚莹费尽口舌才劝李文俊交 5 元，否则，连 20 元都没有，那还买什么。

收钱过后，姚莹、尹禾和沈润欣三人去买礼物，具体情况我也不太清楚，只见他们满载而归。

生日会开始了。我在黑板中间写上了"生日快乐"，下面写着"——六（4）班集体生日晚会"。姚莹用她那洪亮的嗓音说："安静!"这一招果然有效，顿时，全班安静下来。

突然，灯灭了，讲台下一片慌乱，喊的喊，叫的叫，就像菜市场一样。这个时候，两根蜡烛在讲台上被点燃了，微弱的亮光里，集体生日会开始了。

几个寿星呆呆地站在讲台上，可是光太暗了，根本看不到他们的脸，老师要我们把灯打开，姚莹和沈润欣只好把灯打开，生日会又重新开始。

姚莹首先问这几个同学："我们为你们过生日，你们开心吗？你们有什么感想？"他们一个个语无伦次，可能很激动吧。接着，姚莹给他们送礼物。因为喻千没有碗吃饭，所以我们给他买了个碗；因为易佳慧有男生气质，所以特意给她买了个娃娃密码日记本；因为田野和杜子义都喜欢手链，所以给他们各买了条小手链。这些礼物真是用了心啊。

最后是发糖，姚莹买了90颗，首先每个人发一颗，然后就在讲台上一甩，大伙都在地上抢得欢。虽然这个生日会很简单，但留下的快乐比天上的云还多。

希望下一次生日会会比这一次更加有趣。

丁香怡

一次精彩的生日会

2013 年 6 月 4 日

五月的集体生日会是由我、肖迪、尹禾、彭雨珑、王梦婷、杜子义等人主办的。

刚开始，我们副班主任与班干部一起离开教室。姚莹执行肖老师的意见，不要前两次参加过生日会策划的同学参与，于是只剩下我们几个了。后来姚莹也离开了，因为前两次主要是她策划的，肖老师说不要她参与了，总是一个思路，一个样子，没有新鲜感。可她不参与了，我们怎么办？尹禾拉着姚莹询问，姚莹说，你们自己做吧。

我们心里既紧张又害怕，每个人都望着对方，心里想："我们可以吗？"肖迪自信地说："自己办就自己办，怕什么。让他们瞧瞧，我们也是可以的。"于是我们便开始讨论，尹禾先开始分配，杜子义主动提出捐钱，我们几个在慢慢讨论：小寿星上台绝对是对的，可是我认为不能站着，应该找个板凳坐着。彭雨珑、肖迪、王梦婷都同意，可是尹禾不同意。

我对尹禾说："上次老师记录的三月生日会中提到，小寿星站在台上，像罚站一样。"尹禾才同意。上台的部分确定了，接下来就要讨论礼物部分了。我们想买蛋糕，可是，上街买太远了。经过讨论，我们还是决定买一些小东西，但送东西的时候，我们想玩一个游戏。我们安排小寿星主动点名要他的朋友捂住他的眼睛，然后再给他们一个惊喜，让他们狠狠地高兴一下，让他们终生难忘。以此向全班展示，我们还是有策划能力的。

尹禾和王梦婷先出去买东西，回来的时候肖迪和彭雨珑在校门口接应，我们就在教室里边组织生日会边等她们。

生日会开始了，不安分的人开始闹起来。无论我们怎么喊，他们都不肯停下。我们推举尹禾做主持人，她接受了。我们先把自己的板凳搬上去，然后就请小寿星上台。他们不像之前过生日的同学那样别扭，很快地坐在了板凳上。我们先发礼物，他们每个人的脸上都洋溢着灿烂的笑容，我们心里都很高兴。

该送祝福语了，小寿星希望谁来送祝福就点谁上台来送祝福，说得中听的，就奖一颗糖。好像只有梁欢没有得到糖吧，谁叫他吞吞吐吐说不清楚。小寿星都开心地吃着蛋糕，尹禾给每个学生都发了一颗糖，其余的糖就由小寿星在全班撒了，这次没有前几次乱了。

生日会结束了，小寿星拿着没有吃完的蛋糕回到座位上，我们也搬回了板凳。

这一次，我们办得与众不同，是因为我们和那些班干部的想法不同。我们都好高兴，为策划了这次精彩的生日会骄傲，我们会将这次的经历留在记忆深处的。我相信同学们也不会忘记吧。

陈芊

文字的力量——六月集体生日会

2013 年 6 月 27 日

明天就是期末考试，今晚是我的晚自习。答应了学生，要为他们过六月集体生日的，并且我来策划。快上晚自习了，我先安排孩子们自习。我则考虑：做还是不做？

什么都没有，时间也紧，但是我还是决定做。第一，答应孩子们了的，我一定要做到。第二，孩子们马上毕业了，算是给毕业留一个念想吧。

情况很紧急，我简单做了一个策划。孩子们觉得过生日要礼物，要钱才能办，这次我一分钱不花，要给孩子们一份感动。而要真正做到这点，打动人心，还是文字为好。

本月过生日的是姚莹、李恒新、郑从武、汤顺美、曾晨五位同学。

"这五位同学中，你认为你是他们最好朋友的或者你认为与他们关系很不错的，请参与集体生日的策划。"我一改以往班干部、小组长以及副班主任主政的格局，让过生日学生的好朋友参与，这样更加增添一丝温情。

五位学生的好朋友确定为桑美琪、艾元烨、李文俊、郭淑雅、彭雨珑，然后我安排他们到教室外写下他们对自己好友的生日祝福。与此同时，我则想办法去找话筒。因为文字固然感人，但是大家听不到，效果肯定不好（乡下孩子大多当众发言能力有限，声音也不大）。几经周折，我终于把学校广播室的有线话筒弄来，还带底座的，不过线够长。

虽然有五个同学了，但还是不够震撼，于是我要求班级所有的学生都写几句话，给他们最想祝福的同学。然后由这五个学生分类收集，他们就是自己好友生日会的主持人，这样集中祝福，效果应该不错的。

激动人心的时刻来到了，我拿出相机，准备拍摄，保留这精彩的一幕！

首先是给姚莹送祝福。

桑美琪是一个很腼腆的女孩，面对话筒很紧张，试了好几次，总算成功了。

姚莹，我想对你说一声"生日快乐"。我祝福你在期末考试中取得好的成绩，加油！

姚莹，你是一个有那么一点暴力的女孩，但有时你也很好。你喜欢说"绝交"，比如，你要我上课时陪你上厕所，我不愿意，你就说："你不陪我去，我就和你绝交。"你经常这样威胁我，但下课后，你又跟我和好了。你这人就喜欢威胁人……

姚莹，我祝你生日快乐！

因为有话筒的缘故，所以效果很好，孩子们听得真切，掌声一片！
接下来送祝福的是姚莹的好朋友易佳慧。

各位同学，大家好！

今天是我的好朋友姚莹的生日，在此，我对姚莹说一声"嗨皮波尔舍地"。

易佳慧说话特别专注的样子，以及一句搞笑的英语，让大家一阵嬉笑。而姚莹不知道什么缘故，已经用双手掩住了自己的嘴鼻，莫名的感动吧。

姚莹，其实你是一个不错的女生，虽然你常常在班中很暴力，那是因为你胆小，让自己所谓的暴力保护自己。同时你是一位实事求是的女生，当我和你做同桌时，我看出你很善良。当别人遇到困难时，你同情别人，批评那些以大欺小的同学。同时你也是一个比较可爱的女生，常常说一些让人哭笑不得的话。有时你说话很直，让人难以接受。谁都有缺点与优点，是自己的朋友才可以看得出。

我想对你说：友谊是火，融化心底的冰；友谊是水，灌溉心里的情；友谊是风，吹走心中的雾；友谊是雨，滋润心里的花；友谊是鼓，可以激励你前进；友谊是镜，可以发现你的不足；友谊是歌，可以让你感受愉快；友谊是药，可以化解你的不适和痛苦。

祝你善良长久，优点永久。友谊有多久？其实要多久就有多久！

正直的话语，中肯的评价，以及同学深情，让姚莹泪流满面。后边继续的都在我的意料中，孩子们第一次感受到没有礼物，没有花钱，只有真诚的祝福，生日会却更加感人，情感更加真挚，原来文字有如此的魅力。

其实这就是我要的效果，我想告诉孩子们，文字是有温度的，祝福是需要真心的，礼物本有价，情义值千金。同时我也告诉了孩子们如何策划与组织，并进行相应的准备。相信孩子们经过这次的生日会，会对生日会有一个全新的认识，以后策划起来也会更加的走心。

上边是 2013 年我班学生过集体生日的情景再现，当时我带六年级的一个普通班（全校五个班，两个重点班，三个普通班）。三月和六月是我的班主任日记，四月和五月是学生的记录。我想根据这些第一手资料来谈谈班级活动的策划与组织。

一、活动设计

班级教育教学管理是通过活动进行的，没有活动就没有教育，没有活动就没有学生的发展，也没有班主任的发展。因此，搞好班级活动成了班主任必须具备的专业基本功。班主任为了让青少年获得良好的发展，引领学生开展学生们喜爱的活动，反映出班主任的专业水平；为了搞好班级活动，认真学习班级活动的有关知识，不断丰富自己的专业知识；为了搞好班级活动，努力实践，不断反思，不断提高开展班级活动的能力。从中可以看出班级教育教学管理活动水平的高低，直接反映出班主任专业水平的高低。班级活动水平的高低，就成了衡量班主任专业素养发展水平的一种重要标准。

班级活动纷繁复杂、丰富多彩，按照人的发展来分，可以分为学习、劳动、游戏三类；按照集体建设实际操作来分，又可以分为主导目标活动、指令活动、周期性活动和突发性活动四类。

班主任都知道活动的重要性。校园内，大到中心工作，小到小组活动，都想做好，做出新意。而活动好坏的标准只有一个——这是不是班级特有的。全校都在做，全年级都在做，那就不是班主任组织的活动了。我特别强调将班级活动与学校活动、年级活动区分开来，因为那是班主任组织班级学生参与的活动，而不是班级自己的活动。

班级活动能够寓教于乐，让学生在"玩"中学，能训练学生的团队意识，培养动手能力，增进感知能力，加深情感体验等，它的好处随便一个人都能说出一大堆，但最大的作用无外乎两点：第一，有利于加强班集体建设；第二，有利于学生的全面发展和个性培养。

(一) 活动原则

第一，公平性。

在活动中，班主任如果厚此薄彼，戴着有色眼镜看学生，那就无法达到预期效果。集体生日会，每个人的生日都要过，有的孩子生日是在寒暑假，我们也照样过。关于策划，看似就那么几个人在做，但逐渐由班干部组织到自愿，到好朋友来策划。后来我们还在全班征集策划案，最后择优选用，给每个人机会，让他们公平竞争。

第二，合理性。

活动策划要合情合理，最好是整个班集体有需要，或者有问题亟待解决，再或者是某些学生个体以及小群体需要进行引领和指导。就是说，班级活动可以有很多，为什么当下要策划这样一个活动，一定要符合班级情况和学生需求。这样才不至于目标不明确，为活动而活动。我们的集体生日会，是新班组建后的一个重大举措，给每个孩子应有的尊重与关注，尽快营造和谐的班级文化，让孩子们感受家的温暖。实践证明，这个策划是绝对的合情合理，而且是短期内聚拢人心，增强班级活力与凝聚力最好的办法。

第三，全员性。

我们都知道，活动最终呈现出来的只有部分学生的展示，很多人以为参加活动的只有这部分学生。活动的全员性体现在过程中，不是每一个学生都能走到台前去展示，但是他们每个人都可以在活动中得到锻炼。我们的集体生日会看起来就是策划者与过生日的几个孩子在闹，但所有的人都参与了，有钱的出钱，有力的出力，更有大批的同学是捧人场的。我也逐渐让孩子们知道，别人的生日你不积极参与，你往后过生日谁会来关注。全班用专门的时间来过集体生日，很多同学都在想象自己生日会是谁来策划，会是什么样子。一个生日会，让全班都参与进来，而且充满了创意与温情，多好啊。

第四，自愿性。

就是让学生积极主动地参加活动，不要有丝毫的勉强。在班级文化以及活动文化不够成熟的时候，很多学生不一定愿意参加，这个时候，班主任除了鼓励、支持之外，绝对不能强求孩子们参与。同时应该做好的就是要让那些参加了活动的孩子得到锻炼，让那些没有参加的孩子羡慕，激发他们下次参加活动的热情。有什么能耐就参加什么活动，在活动中充分表现自己，发展自己，这才是活动作用的体现。比如集体生日的策划，三月四月主要是班干部策划，五月就是前两月没有怎么出主意的班干部策划，六月是我策划。

再后来我们就全员策划，择优选用，充分发挥了学生的自主性。还有很多学生在筹备过程中，逐渐自觉自愿地参与进来。

第五，序列性。

班级活动不仅要形成序列，还要形成合理的序列。

班级活动的结构形式是多种多样的，常见的有：

纵式结构。整个活动环环相扣，前一个活动是后一个活动的起点和基础，后一个活动是前一个活动的继续和深化。如七年级下学期"做家乡的小主人"系列活动有：1. "请尝尝我们做的菜"（自炊），通过自己做菜，体会家务劳动的艰辛，增进与家长的情感交流；2. "小记者奔向四面八方"（调查），在自炊的基础上进行专题调查；3. "请听我们的建议和呼声"（献策），以小主人的身份向有关单位提建议；4. "沿着历史的足迹前行"（参观），了解家乡的历史；5. "今日家乡在腾飞"（信息交流），介绍家乡建设的成就；6. "为了家乡，我愿……"（一分钟演讲），表达为家乡的明天而献身的愿望；7. "贡献我们的青春和热血"（联谊），和同龄人一起为建设家乡而奋斗；8. "刻苦学习，为我家乡"（学科竞赛活动），把建设家乡的愿望落实到具体行动上；9. "家乡蓝图任我描绘"（走访上级领导），让学生更多地了解社会，培养参政议政意识；10. "家乡，请听我们的报告"（模拟新闻发布会），活动的总结。

横式结构。围绕主题，从不同侧面加以反映。如在七年级上学期的"做合格的中学生"系列活动中，"我在祖国怀抱里成长"（诗歌朗诵会）、"我和ABC交朋友"（英语学习）、"欢快的十分钟"（小型多样的体育比赛）、"方寸天地趣无穷"（集邮知识讲座）、"我是家长小助手"（家务劳动比赛），就是分别以德智体美劳为重点，紧扣"做合格的中学生"这一主题实施的。

综合交错结构。以八年级下学期"我为团旗添光辉"系列活动为例，该活动有：1. "团旗指引我成长"（老共青团员作报告）；2. "怎样才能成为光荣的共青团员"（辩论）；3. "用热血填写我们的志愿书"（入团志愿书介绍）；

4. "烈士墓前的沉思"（祭扫烈士墓）；5. "团旗在我心中飘扬"（编报评比）；6. "在欢快的'团员之家'"（游艺）；7. "雷锋在我们的行列中"（走向社会的义务劳动）；8. "伴着青春的旋律前进"（集体友谊舞）；9. "我们是光荣的后备队"（入团宣誓）；10. "谱写我们的青春之歌"（营火晚会）。

班级活动的结构虽然呈现多态，但总的趋势是由浅入深，由低到高，前后联系，螺旋式上升的。对每一阶段的活动设计，要注意体现本阶段的特点。我们班级的集体生日会也有纵向三年的计划。在初中三年，每年有一个主题。七年级是"学习"，让学生们开始学着策划，然后班主任教他们如何做策划，如何组织实施，注意拍照、写作等保存资料，是尝试阶段；八年级是"自主"，整个活动班主任和老师们不再插手，完全由学生自己完成，就是实践阶段；九年级是"创意"，初中阶段的最后一个生日，每一个学生都精心设计，然后审核，照片、文字以及视频等都正式地保存起来，就是一个创新阶段。当然，在每一阶段都会循序渐进，也有横向地有序培养，让学生们能在紧张的学习之余，感受到友情的温馨以及校园生活的美好。

在班级活动设计形成序列的时候，还应该注意解决假期、两个学期或者两个年级段之间的衔接问题。过去，假期往往是班级活动的"盲区"。这段时间较长，应该体现教育的序列性和连续性。具体活动设计，如七年级上学期结束时，布置学生们学买菜、学做菜，为七年级下学期"请尝尝我们做的菜"自炊活动做准备；再如八年级下学期结束时，布置小发明、小实验、小制作、小考察、小论文活动，要求学生们利用暑假积极实践，九年级上学期开学不久，即安排"成功在于实践"五小成果介绍活动；又如高一上学期结束时布置学生们寒假分别收集资料，为下学期"做一个道德高尚的人"文艺表演做准备；高一下学期结束时布置调查活动和青年志愿者活动，为下学期"家乡的昨天和今天"专题调查汇报和"青年志愿者的报告"做准备。

集体生日会也有设计在寒暑假的，让校园生活延伸。很多家长抱怨孩子们假期生活作息全乱套，不好管理。我们的集体生日让孩子在家仍感到学校的温暖，师生之间、同学之间都一直在联系，一起商量与策划生日，组织活动，还在一起开生日聚会。无论是孩子们之间的感情，还是班级的凝聚力，抑或是孩子们的习惯等，都得到了延续，让教育真正做到了校内校外一致，保障了教育的连续性。

（二）基本过程

在具体实施班级活动的时候，主要步骤一般有五个，每个步骤都有很多工作要做，班主任要着眼于全过程，认真做好每一步。

1. 活动的选题

班级活动的选题应该由班主任和班委会、家委会、全班同学共同确定。当然，班主任发挥主导作用。

在制定选题的时候要考虑：（1）班级奋斗目标和班级工作设计；（2）班级的具体情况；（3）学校的工作布置；（4）家委意见；（5）学校领导和任课教师的意见；（6）优秀班主任的成功经验。

之所以选择"集体生日会"作为班级常规的活动，就是希望能让每一个学生都得到尊重，都感受到同学的真情，进而感觉到班级有家的温暖。这是班集体构建最人文的一招，基本上是全员通过，这也就为班集体的建设打下了温情的底色。

2. 活动准备

（1）制订活动计划。选题确定后，班主任应和班委会共同制订活动计划。这样做，一是保证活动的顺利进行；二是为班级工作积累宝贵的资料。

活动计划应有以下内容：活动目的、活动准备事项和具体分工、活动地点、活动实施过程、活动注意事项等。

制订活动计划应重点明确：A. 活动的名称。活动要有个新颖、响亮、上口、易记的名称，使每个孩子在听到这个活动时，就精神振奋，产生强烈的参与欲望。B. 活动的主持人。生日会的主持人最先由我指定班干部负责，后来就由学生自愿申请，最后逐渐由全班同学轮流担任。让每个学生都有机会担任主持人，都得到主持班级活动的锻炼，这符合素质教育"面向全体学生"的指导思想。C. 全班同学的参与度。一定要避免少数人"忙"、多数人"看"的被动局面，发动和尽可能地安排全班同学参加活动。生日会组织得好，参与的学生就多起来，整个班级的气氛就会好起来。

（2）分工落实任务。活动计划制订后，在明确分工的基础上，班主任应作必要的指导，指导学生完成任务。为了保证任务的落实，一般以小组为单位准备。班主任要加强对活动准备的检查，如学生遇到困难，要帮助他们分析情况，不能简单地批评指责。

主持人的主持词要认真设计，主持词要精当，富有激情。主持人要了解活动的全过程，做到对每个环节都心中有数。学生们组织生日会的时候，对主持人的安排过于随意，没有专门的设计，从而影响了效果。而我在策划的时候，对主持人的身份进行了定位，后来的感动也在情理之中。对主持过程中可能遇到的问题，怎样导入，怎样形成高潮，怎样应付自如，班主任应做好指导。特别是在班级活动课开展的活动，要增强"课"的概念，活动时间不够怎么办，活动进程可能延长该如何处理，班主任都应该有所考虑。

在活动准备过程中，班主任要多听取学生，特别是学生干部的意见、建议，并注意采纳。

邀请任课教师、家长或者外单位的人员参加，可采用口头通知、电话联系、书面邀请等方法，把活动时间、地点、内容介绍清楚。如邀请有关人员发言，还要说明具体要求。

（3）会场布置。这是活动准备的重要一环，它关系到活动的气氛，是情景教育的重要形式。

会场的布置要切合活动的主题。有的活动庄严肃穆，会场布置就该朴素整洁；有的活动欢快活泼，会场布置就该美观大方。

黑板是布置的"主景"之一。黑板上应写上会标，形式应富有变化。桌椅可以根据需要摆放，切合主题以及活动方便即可，有时还可以将桌椅搬到教室外，以扩大空间。在活动前还可以播放音乐，对此，事先应做好准备，如音乐的选择以及设备的检查。

每到生日会的时候，黑板的设计、教室的布置会让同学们有一种很喜庆的感觉，仿佛是班级的节日一样。

（4）活动道具。为了使班级活动生动有趣，还可以制作一些活动用的道具，学生能自己动手的就不要租用或者购买。很多道具是可以在不同的活动中使用的，同时也可以留作一个永久的纪念。

3. 活动实施

活动的准备如果比较充分，实施起来就比较顺利。

活动实施时，全班同学全身心投入是关键。因此在活动前，班主任、班干部要以积极的姿态，带动全班同学的积极性。

在活动实施时，有时会遇到意外的情况，如邀请的主持人迟迟未到，电源插头不灵，准备好的材料找不到，相关同学生病等，班主任要处变不惊，随机应变，保证活动顺利进行。

4. 活动小结

活动结束，应适时做好小结。做小结者可以是主持人，可以是班主任，也可以是校领导或者来宾。小结要切合实际，既要肯定活动的成功之处，又要指出活动中的不足，还可以提出改进的方法。

5. 活动反馈

活动效果如何，要通过多种渠道反馈，并将意见加以整理，以便改进。

（1）班级日记。值日生应及时记录班级活动情况，记录要真实、具体。

（2）周记。比较成功的班级活动，学生一般都会主动记录，班主任注意收集就是了。

（3）活动纪实。班主任可以组织学生轮流执笔，记录活动内容。事先应该确定执笔者（可以由主持人担任），让他多了解、多留心、多观察活动的情况。班主任应提供相关资料，如活动准备过程中的好事、趣闻，活动结束后的反映等。写好后，班主任要认真修改，定稿后可以发布在网站、QQ、微信等平台上，给孩子们留下永久的记忆。

（4）活动总结。规模较大的班级活动可以写活动总结，由主持人和班长根据班委会讨论记录整理，主要内容为活动的经验和改进意见。

（5）座谈会。如有必要，可开座谈会听取学生们的意见。

（6）书面调查。可向学生发放调查表，了解对活动的评价和建议。

如果班主任重视信息反馈，不断思考，及时改进，那么指导班级活动会逐渐得心应手，从中可以得到许多乐趣。

我们班集体生日活动后，有我和学生们写的文字的留存，有照片，还有后期制作的视频等，通过微信、QQ、博客等很多平台展示出来，全班同学，以及家长、老师们都可以再次回顾生日会的情况，大家在说说笑笑中，得失自然一目了然，以利于下次逐渐完善。这个环节很重要，既丰富了学生的校园生活，学会了做事，也融洽了家校、师生、生生等之间的关系。后续的活动，不是活动的延续，而是情感的聚拢，合力的形成。

（三）活动建议：敢于放手

顾名思义，"敢放手"就是相信学生有能力策划与组织活动，班主任不再牵着学生的手走路，让他们大胆前行，进行有效的探索与实践。

在班主任工作中，我主张三句话原则。

1. 学生能做的，班主任千万不要做

很多班主任相信"身先士卒""身体力行""以身垂范"等，他们往往事必躬亲，并美其名曰给学生做榜样。殊不知，把自己弄累了不说，还滋长了学生的惰性与不良习气。学生能做的，班主任千万不要做。

2. 学生不会做的，班主任教他们去做

有些事情学生不会做，班主任可以教他们去做。这就是我们常说的培训，

包括学习方法培训、班干部培训、劳动培训、就餐培训、新生入学培训等，只要学生不会的，都可以教。有时班主任亲自教，有时请专业的人士来教，还可以请班级里有专长的学生来教，让学生学会做人、学会学习、学会合作、学会生存。

3. 学生实在不会做的，让他们与班主任一起做

有些事情的确比较难，学生根本不会做。班主任在做这样工作的时候，最好让学生与我们一起做。也许他们根本做不了什么，但是他们能在班主任身边感受、参与。班主任不指望他们能学会，但是，要让他们感受到做事的思路与步骤，这样对于培养孩子做事的能力会有很大的帮助。同时，让他们了解班主任的工作，会有助于相互理解与沟通。

还有一些事，属于班主任的工作，学生不方便插手，如果条件容许，也可以让学生与班主任一起，绝对没有什么坏处。

很多班主任担心孩子们能力有限，但是只要你放权，孩子们就可以激发无穷的潜力。通过我班孩子们自己策划集体生日活动的案例大家应该可以感受到孩子们潜力的无限。我开始时用激将法，让他们的潜能得到最大程度的发掘，虽然孩子们不满意三月生日会的策划与设计，但是毕竟他们迈出了可喜的第一步。后来我又逐渐引导、点拨，他们换思路，我们再看效果，再完善，孩子们在进步、成长。最后我示范，摒弃了孩子们看重的一些元素，比如金钱、礼物、热闹等，我告诉他们真情的可贵、友情的温度、文字的力量等。很显然，我顺利达成了目标，孩子们也受到了启发。

在放手的过程中，我们教给学生的东西，如果是他们正需要的，他们就会努力去学，并且很容易接受。放手的过程其实就是促使学生成长与满足他们需求的一个过程，班主任适时的引导体现在一句话，一个点头，以及一个反问中，学生们自主学习的能力得到极大的锻炼，这一切没有放手经历的班主任是无论如何都体会不到的。

做一个敢于放手的班主任，需要学识、勇气、实践与智慧。只有敢于放

手，班主任才会轻松愉快地做"非我莫属"的事情，才有专业发展的可能。只有敢于放手，班主任才会让学生真正达到"自我教育"的最高境界。做一个敢于放手的班主任，你会感受到教育原来可以这样幸福。

二、做成仪式

"什么是仪式？"小王子问道。

"这是另一件经常被人们遗忘的事情，"狐狸说，"它就是使某一天与其他日子不同，使某一时刻与其他时刻不同，比如说，那些猎人就有一种仪式，他们每星期四都和村子里的姑娘们跳舞，于是星期四就是一个美好的日子！我可以一直散步到葡萄园去。如果猎人们什么时候都跳舞，天天又全都一样，那么我也没有假日了。"

——选自《小王子》

"仪式"就是让那些比较关键的时刻与众不同，让它深深地铭刻在我们的心中，而内化成温暖、激动或感恩的美好事物，让它永远在我们心底最温柔的地方停留，进而成为我们精神不竭的动力源泉。无论时光怎样流逝、环境如何变迁，也无论我们身处何时何地，那些"仪式"带来的美好感觉将永远是我们不放弃生活的最终理由。

记得我的一个学生过生日，请了班上的一些同学，事后，邀请者与被邀请者都有一个感受：太没意思了。这种情绪在随笔本上反映出来后，我当时的评语是：要是我去就不是这样了。后来学生问我，为什么老师去了就不一样呢？我说，我会给你设计一个"仪式"啊。这个学生若有所悟，但究竟懂了没有我不知道。

为什么要做一个仪式呢？说明你对这件事情很在乎，也就是情感的关注。

再者，仪式总是与"隆重"联系在一起，它会让我们有庄严、神圣、激动的感觉。这对净化心灵、丰富情感是很有帮助的。大家看《非诚勿扰2》留下最深印象的莫过于"离婚仪式"和"人生告别会"吧。这就是"仪式"带给观众的震撼。

那如何做一个"仪式"呢？这就要精心地设计了。时间、地点、环境以及在什么状况下表达等都会影响效果，背景音乐、道具等比较新潮的元素的运用更会为整个设计增色不少。要想有意想不到的效果就必须有惊人的设计，就比如我给我的学生编纪念册这件事吧。我们乡镇中学，条件简陋，做个纪念册就是将学生习作简单地装订。而我实实在在地辅导学生写，然后对每篇入选作品都进行严格的三稿审订。我请著名教育家李镇西老师作序，我请我的同学昆山某广告公司的老板给我设计封面，我请我开印刷厂的同学给我们印刷……当学生们拿到这本书的时候，激动之情无以言表。要是我们条件好点，做个彩色封面，那就是一本正规的书啊。好的设计就需要敢想敢做，这样才能出彩，才能让学生一辈子难忘！这可是一个技术活，科技含量还是很高的。

做好一个设计必须要有深厚的文化积淀与艺术素养，但最重要的还是情深意浓。无论怎么说，设计与没有设计绝对是有差别的。

比如开学第一课，很多班主任举行的"仪式"就非常好。李镇西老师给学生的见面礼就是把自己的著作每人送一本，陈晓华老师在开学第一天的长篇讲话等都各有特色。我的导师张万祥先生要求我们徒弟做的开学设计，还有新教育试验以及现在中央电视台的"开学第一课"等都说明大家对"仪式"的重视。

我给学生写过热情洋溢的信，也给学生专门做过开学的班会，还组织学生们观看过中央电视台的"开学第一课"（农村中学条件差，全校就我们班学生看了），开学我还给学生们放一部电影等。记得最轰动的就是把我1997级的正在读大学的学生们请到我所带的初一班讲座。"仪式"的主题是"与你同行"，让在校大学生谈他们的初中生活以及对小弟弟小妹妹们的学习建议等。来自清华大学、武汉大学、华中科技大学、武汉纺织大学、武汉工程大学、三峡大学、湖北经济学院高校的七名在校大学生为我们班学生做了精彩的演讲，学生们深受教育。当时学校领导觉得受教育的面太窄，但又由于场地有限，最后全校每班派出 5 名学生代表参加，所有没课的教师也都参加了。我的学生着实风光了一把，他们每个人也都从中受到了教益。这次活动过后，学生们写了随笔交流感受，震撼很大。更让我没有想到的是，参加演讲的武汉工程大学的罗必胜同学因这次演讲而彻底改变了命运。他以前从来没有上台的经验，平时说话都特别的害羞，但为了那次演讲，一个人对着镜子讲了八遍，他的演讲相当精彩，不少听众现场落泪。这次演讲后，他变得积极主动、勤学好问，后来顺利考上了硕士，现在都参加工作了。

"仪式"能让每个人都有收获，能让每个人铭刻在心，更能激励每个人前行。我们班主任要学会利用一些重要时刻来做"仪式"，让学生学会关注我们身边的人和事，让他们在乎该在乎的，记住该记住的，改变该改变的！

如果不是真心为孩子们着想，只是走个过场，那就是形式。像现在普遍存在的以迎检为目的的德育，就是一种形式。再风光的形式都会如过眼云烟，不会在孩子们记忆中留下什么印象。

苏霍姆林斯基在他著名的《帕夫雷什中学》中讲到了"我们的传统"，有各种各样的"仪式"，为一年级学生举办的"首次铃声节"、毕业生的"最后铃声节"、老校友会晤、母亲节、女孩节、春天的节日等，其实就是校园中的"仪式"。一旦这些"仪式"成为学校的一种文化，一种传统，它对孩子们的影响是根深蒂固、不可磨灭的。

一个班主任只要明白了"仪式"的含义，学会了设计，而且还教会了孩子们如何做"仪式"，就会在带给孩子们惊喜的同时感受到来自孩子们的惊喜，就会发现班主任工作充满了浪漫情怀，你对待工作将不再倦怠，你的情绪将永远饱满，因为每天你都会感受到不一样的精彩。

做成仪式，那么就有一些固定的程式为好。而没有做成仪式的，应该有一个基本的程序，方便学生们策划与设计。生日会，我要求学生必须有三个程序：第一，全班同学的生日祝福；第二，好友的礼物与祝福；第三，生日会主角过生日的感受。万变不离其宗，一切活动都从这里衍生。

三、应急预案

很多人一谈到"应急预案"就会想到"安全事故"。在"安全大于天"的今天，大家对于安全知识都耳熟能详了，但是我还是要简单地强调几句：第一，活动前的安全教育以及安全隐患的排查必须严格认真；第二，活动中可能出现的安全事故的防范，一定要考虑周全，并详细地做好预案；第三，安全预案包括活动时间、地点、内容、目的、人数、负责人、安全措施、疏散方案等，特别是出现突发事件如何处理，都要有切实可行的措施。

这里提到的应急预案，是指对在活动的组织与实施中有可能出现的问题，以及不可预知的事故，都要做好预案。第一次生日会的时候，学生们没有准备好打火机，导致点燃生日蜡烛的环节冷场，这就是没有做好应急预案引发的问题。另外，要播放相册、祝福的视频以及音乐的时候，如果保存在网页上的，要注意做好没有网络时的应急预案，以免影响活动的效果。

四、收集资料

组织活动，不仅是让学生得到锻炼与成长，更重要的是记录生活，保存记忆。要让这段美好的时光成为永恒，那么就需要有图片、影音、文字等的留存。

在活动的组织中，这些资料的收集需要专门的人员，如果有专业技术则更好。现场拍照、视频录制，有时还需要导演进行安排与设置；后期需要较为专业的剪辑、制作、合成，制作成相册、视频等；最后就是展示，有电子版，还有网络版，最好学生们都可以看到，方便学生转载到 QQ 空间、微信朋友圈、博客等个人平台上。

再就是文字的锤炼，将每一个精彩的片段，还原成经典，献给未来的回忆。很多人以为这就是作文训练，其实，这是对活动的再次审视与反思，寻找其中的闪光点，记录下来，写成一篇篇完整的文章，保存这段历史。希望多年以后能勾起同学们的美好回忆，让班级的温暖与同学的真情永远留在心底。文字最后集结成册，形成班级史册。

活动结束后，后期的工作至关重要。无论是场景还原、精彩定格、温暖留存，还是总结反思，都意义重大。我认为，如果没有这些后期工作，那么活动的目的就不能得到强化，内容就得不到升华，效果也会逐渐淡化。班主任一定要慎之又慎，方无愧于活动筹备与组织的艰辛付出。

大家看到的本篇开头的四篇日记，就是我和我的学生的记录，今日又见这些文字，仿佛孩子们就在眼前，他们的欢声笑语犹在耳边，多么的温馨与惬意……

第七章　如何与学生进行有效沟通

前几年，在海南省儋州市某所学校，学生小张因受不了班主任的谈话方式，离校出走。虽然孩子最终被顺利找回，但是这件事引起了不小的争议。究竟是孩子心理太脆弱，还是班主任的谈话方式太过自我、乏味、苛刻？

谈心，是班主任必备的技能。从实践中看，不同的谈话方式和内容效果会大相径庭。很多时候，苦口婆心换来的不一定是"心与心的交流"，相反要么是怒目圆睁，要么是冷漠以对。班主任的谈心方式、方法、角度、高度，甚至班主任自身散发出来的是否真心接纳学生的气场，这一切都决定着谈心的效果。笔者结合自身经历，与大家分享关于有效沟通的相关内容，希望给一线班主任带来一些思考和借鉴。

学会谈心，智慧交流

记得那是 2000 年，一个学生说，他这辈子都不会忘记我，因为我是他读书期间唯一找他谈过心的老师。惊讶之余，我唏嘘不已。在班主任工作中，我们习惯"抓两头带中间"，于是优生、差生与班主任接触并谈心的机会都很多，但不知不觉中，我们忽视了中等学生的个性特征与思想教育，导致他们与老师的一次谈话竟成了莫大的奢望！

作为一名班主任，日常工作就是与学生打交道，可一年下来，甚至两年三年，到这个学生毕业，你居然没有与他谈过一次心，扪心自问，你是什么样的感受？这个孩子一直就这样，默默地直到毕业，对老师，对学校，对自己，他会有怎样的情感？他进入社会，有了自己的生活，他会如何去面对？

基于此，我将与学生"谈心"定为每天必做的工作，将它日常化、制度化、无功利化，这样便于与学生随时沟通，及时解决学生困扰，防患于未然。不要等到学生出问题了，班级出事故了，才去找学生谈心！

下边我从与学生谈心的时间、地点、内容、形式以及要注意的问题等几个方面谈谈自己的具体做法。

一、时间恰当

学生在校作息安排得很满，很多班主任抱怨没有时间找学生谈心。特别是毕业班的学生，课内课外都被老师挤占了，学生没有喘息的机会。其实越是这样，学生越需要关心，他们在高强度与高压力下，心里有很多的苦闷与疑惑，有很多的不解与孤独，也有很多成长的烦恼与惆怅，班主任只有经常与学生谈心，才能有效地对学生进行精神与人格的引领，真正做到精神关怀，同时也将班级的很多安全隐患扼杀在萌芽状态。因此，班主任一定要不惜牺牲自己的休息时间，多与学生相处。在学生作息中，唯有三餐后有些时间，班主任可以有效利用这些时间段。

(一) 指定时间段

每天的晚饭后，时间相对长一点，我就将这个时间段定为与学生谈心的时间。每天与一个学生谈心，那么每学期就有近百次，每个学生每学期至少可以保证有一次固定与我谈心的机会。每天我都提前吃完饭，然后早早地在跑道上等着当天的学生到来。他们可以端着碗来，也可以吃完了饭再来，还有很多到了自己的时间段，饭都不愿意吃就赶来的。

（二）见缝插针

根据班级实际情况我会有很多专题的谈心，比如每周量化管理结果出来后，我就会抽时间去找那些得分比较低的学生谈心；比如半期考试后，我会将学生分成几类，有需要激励的，有需要提醒的，有需要关注的，有需要分析的等，逐一找他们谈心。这样的谈话要在短时间内完成，于是就要把握住时间，学生一有空就找他们谈。

（三）接受预约

谈心一旦成为班级日常生活中一项重要的内容，孩子们就会经常主动找班主任谈心，以期解决自己成长中的很多问题。这就必须预约。谈心的时间地点与内容有私密性，班主任要严守秘密。

二、地点合适

地点的选择很重要，最好要让孩子没有恐惧、没有戒备。我一般不主张在办公室里谈心，因为办公室会让学生感到很被动，有心理压力，不利于学生敞开心扉。那到哪去呢？校园那么大，难道找不到一个幽静的环境，或者一个空旷的场所？

我喜欢与孩子们在校园内谈心，跑道上、篮球场边、花坛边、小道上等，还有就是在楼梯口、教室外的栏杆边，再者就是在校外或者我家里等，不被他人打扰的清静之地。如果在办公室谈心，一般是没有其他老师在场，或者对学生来说是绝对的好事。但我尽量不选择在办公室谈，个人觉得那真不是谈心的地方。

有时，还可以去家访，到孩子的主场去谈心。这就对班主任有一些要求：第一，一定要征得孩子的同意，最好是接受孩子的邀请。第二，最好要与孩子交流谈话的主题、希望达到什么目的，以利于孩子的成长。第三，千万不要告状，虽然班主任有告知权，但要慎用。第四，让孩子真心地喜欢你的家访为好。做到这几点，我想就很成功了。

三、内容多元

谈心的内容很自由，家长里短、同学关系、男生女生、班级趣事、各科学习、品德习惯、校内新闻、家庭矛盾、情感纠葛等均可。因为是在没有任何压力的情况下谈心，师生可以敞开心扉，真正地了解对方，增进彼此的情感交流与精神的碰撞，师生之间的信赖会逐渐建立，情感也会逐渐加深。

我每天与学生谈论当天班级发生的故事以及学生的见闻感悟等，也可以谈谈私人话题。至于一些主题谈话，比如期中考试后，我会找相关学生鼓励鼓励、分析分析、反思反思等，谈话的内容是成绩的提升与平时学习生活的关系，还可以有前途理想、行为习惯等主题。学生预约的一般是个人的情感问题、成长困惑，以及家庭问题等，这些就要特别注意倾听，并给出实质性的、有针对性的指导。

谈话的内容除了班主任有目的有针对性的一些专题外，一般由学生做主，想聊什么就聊什么，这样才能敞开心怀，心灵不设防，自由交流。

四、形式自然

谈心的形式可以活泼，不拘小节。

语言类谈心，可一对一、一对多。因为一旦谈心日常化后，孩子们都喜欢与班主任走在一起，甚至只要班主任出现，他们就会自然地凑到他身边。我是有亲身体会的，孩子们看我的眼神充满了喜爱。有的时候，可以就一个主题与全班谈。我每月做一次"有问必答"，与学生坦诚交流。每当这个时候，"男生与女生如何交朋友""什么是好色""中学生为什么不能恋爱"等很尖锐的话题就出来了，但是我从来不回避，满足孩子们的好奇心，其实也是在做青春期的教育、性知识的普及等。正是因为与孩子们关系密切，有的学生有早恋倾向了，都找我谈心，希望我告诉他们怎么做。谈心真的是很神奇的，它让班主任真正地走近了学生，师生关系空前融洽。

文字类谈心，可以是随笔（日记）的点评交流，也可以是一对一的书信交流，还可以是与全班写信交流。坚持给学生写信也成了我的一项日常工作，很多时候，很多话说不出口，而语言弥补了面对面的尴尬。有的学生与我书信交流，会谈及他们私密的想法，而我与学生的关系也达到了彼此信赖的程度。

还有一种情况，班主任可以借助媒体、电影、书籍等与学生交流，让这些代替品或者文学形象代替班主任来表述自己的观点与对学生的要求。比如，要教学生学会感恩，爱自己的妈妈，可以让孩子们观看电影《樱桃》《车票》等，特别是当孩子开始讨厌我们说教的时候，我们换种形式，不是很好吗？

五、话里话外有内涵

（一）享受与孩子的交流

用李镇西老师的话说，没有什么比学生找我谈心更开心的了。当你与学生这样毫无功利地多谈几次心，孩子会把你当成最亲最近的人，他们对你的依赖甚至会超过他们的亲人。这种信赖特别珍贵，这是你日后与这个孩子交流的基础。有时我跟学生开玩笑说，我是不是像你妈啊。孩子们不无感慨地说："要是我妈真像你这样，我该多幸福啊！"每当这个时候，我就觉得自己做的是对的，是孩子们需要的。日后，无论他有什么事，他会参考或者尊重我的意见，同时也将有可能出现的班级问题扼杀在萌芽状态了。

（二）真心为孩子好

我经常说教师要有慈悲心肠，我这个人是见不得孩子不开心的。每当这种时候，我总想为孩子们做点什么，就算什么也做不了，我也会默默陪孩子一会，或者拍拍他的肩膀，跟他走走……别让眼泪陪孩子过夜，这是我一直的观点。为一个孩子没有到校，我周末在办公室等了半天；为了一个孩子的转变，我为她写了近八万字的成长记录；为了接一个学生返校，风雨泥泞中走坏一双高档皮鞋；为一个伤心的孩子，我静静地陪她站了近两个小时……很多时候，我们可能做不了什么，但陪伴就足够了。

（三）备好"谈心"课

与孩子的谈心，班主任一定要备好课。除了专题的谈心外，很多都是没有固定内容的，也不知道孩子会谈什么，但班主任依然要备好课。比如你对孩子的家庭状况、各科成绩、生活习性、人缘关系、心理状况等都要有一定的了解。你希望谈心能达到什么样的气氛与效果，这些都要有一定的"预设"，至于如何"生成"，那又是一回事了。

（四）平等与尊重

班主任要学会倾听，尽量多让孩子说，尽量多站在孩子的立场上去为孩子着想，尽量要替孩子保密。千万不要以为孩子还小，他们就是与我们一样有独立思想与人格的"人"，给他们应有的平等与尊重，这是谈心的前提。比如，谈心时不要有居高临下的那种感觉，更不要有唯我独尊的架势。

（五）留心细节

与孩子近距离接触，班主任要注意谈话的语气、语速、语调，态度真诚。谈话的内容与地点的选择，是很有学问的，谈心的方式与气氛等也很重要。

与孩子对视进行心灵的交流，看似随意，实则都有用心。这样才能保证谈心能开心愉悦，真正地达到心灵的共鸣。

当班主任把与学生的谈心日常化、制度化、无功利化，了解学生走近学生，随时把握班级思想动态，班主任工作就会比较轻松愉快。这其实就是一种文化的浸润、人格与精神的引领。班主任完全可以把自己的班级文化通过谈心慢慢渗透到孩子们的心中，从而为班级管理打下良好的基础，为学生的成长提供切实的指引。

情在笔端，心在咫尺

"师生共写随笔"就是倡导师生立足于每一天的教育、学习生活，在写随笔（日记）的过程中，体验生活，超越自我，故有人把写日记称为"道德长跑"。很多人都把写随笔认为是语文学科的事，那就错了！昆山玉峰实验学校（新教育实验的第一所实验学校）校长周建华说，实验初期，学生的随笔带有明显的作文倾向，因为实验教师以作文的要求来评价学生的随笔，而没有将之视为共同生活的一种方式。

新教育把"师生共写随笔"称为"暮省"。"暮省，指的是学生随笔、日记，以及师生通过日记、书信等手段，相互编织有意义的生活。用日记记录成长，亲子之间、师生之间用词语相互激励、抚慰，成了新教育实验重要的组成部分，以及日常的生活方式"，"教师要引导学生把随笔与日记视为'三省吾身'的生活方式，并提笔参与学生的成长，利用师生共写随笔引领儿童走向自主与成熟"。暮省不仅能提升学生的写作素养，而且通过"师生共写"，潜移默化地塑造学生的健全人格，从而使师生的精神同生共长。

笔者经过十多年的新教育实验，把"师生共写随笔"运用到班主任工作中，并且作为班主任工作运作的核心途径，让每个孩子都坚持地、幸福地写了起来。

一、批阅，与青春同行

苏霍姆林斯基说："教师不仅仅在把自己的知识传授给儿童，而且也是儿童的精神的研究者。"既然是研究者，那我们就必须了解儿童的生活与学习的基本情况。了解学生的途径很多，我觉得阅读学生的随笔是全面了解学生的最佳途径。

成功时，他们挥洒内心的喜悦；失败时，他们倾诉失落的情绪；寂寞时，他们敞开胸怀；感动时，他们独自一人细细品味那心底萦绕的甜蜜与忧伤。随笔成了孩子们每天的忠实朋友，他们从校园生活的趣事，一直写到心灵深处的烦恼，任思绪如潮水般涌上心头，任由笔下"一泻千里"。

随笔已成为生活的必需，我们为生活而作，它犹如一架天堑大桥，把我们大家的心紧紧地连在一起。在担任班主任工作的实践中我深深体会到，要想把一个班集体带好，并且使每个学生在德、智、体、美、劳诸方面全面发展，必须做到"知己知彼"，也就是要了解每个学生的心声，知道他们每天都在想什么，在学习中遇到哪些困难。随笔让我对整个班集体的情况了如指掌，这样就不会盲目地发号施令。我们教育的对象是学生，只有真正地了解他们，切好每个学生的脉，才能对"症"下药，才能因材施教，不让一个学生掉队。

每天阅读学生的随笔成了我工作中的乐事，随孩子们的喜而喜，随孩子们的悲而悲，感受着他们心灵的涌动，做他们的益友。烦恼时听他们倾诉，指引方向；成功时为他们喝彩，提出目标，我把自己完全投入到孩子的世界里。刚开始，我对孩子的言行、思想有些不理解，但随着"共写"的深入，我逐渐成为孩子们中的一员，与他们同呼吸共命运。

班主任切不可用作文的标准来衡量学生随笔，而应看重学生文字中流露出来的情感、态度和价值观，以便对他们进行引领，让他们拥有健康的心理最为重要。而对于立意好、选材好的随笔，班主任要进行有效的指导，将随笔做成学生的原创作品，让他们在修改与作品构建的过程中学会写作。

二、指导，向崇高迈进

在对学生随笔进行指导的时候，我会根据学生存在的问题，教给他们最需要的随笔写作知识，还有最实际的处理问题的方法。

我一般用学生的随笔或者我的下水作文作为范例，因为这最接近学生的生活与实际，能给学生一种很亲切、很容易接受的感觉，让他们感受到随笔的"随意性"，以及随笔与生活的关系，同时激发他们用自己的眼睛去关注生活，发现生活的美，这就是大家常说的"我手写我心，我手抒我情"。只有这样，我们的随笔写作才会成为有源之水、有本之木，才能让学生有兴趣坚持下去而有所提高。

有人说，你刚才不是说不要把随笔当作文训练吗？是的，这的确像作文指导，但其主要目的是让孩子们学会表达，学会记录生活，这是必须要教的。

让学生学会感动，学会生活，这是至关重要的！我的 2005 届学生中考备考时，很多学生说，写作文不会抓细节。我说，那我来写！于是，我把在与学生相处的过程中的一些感人瞬间连续写了七个，教他们只有活得精彩，才能写得精彩！让我的文章成为他们的范文。除了写这种下水随笔，我还在批阅随笔的过程中发现学生比较好的选材之后，与他们一起写同题材的随笔，让孩子们学会比较，从中领悟如何记录生活。

最高层次的指导就是在思想上引领孩子们。2005 届有个学生中考前写了篇文章大骂以前的班主任老师，大意是那个班主任因为年轻的数学老师教学业绩不好，想换老师，于是就召集几个优秀的学生开会，要他们期中考试时尽量考差点，这样他就可以到校长那去要求换老师了。后来数学老师的确被换掉了，学生感到很愤慨。临毕业，孩子就写下了这篇文章。看到这篇文章后，我惊讶于孩子居然能写如此流利的文章，因为他以前文章从来都写不好。

于是我要他记住写这篇随笔时的感受，这就是一种真正的写作状态。然后告诉他，这个班主任的确做法不当，但要学会理解。他也是为了学生的成绩，只是方式太极端了。你可以先平息心中的怒火，再写写这篇随笔。后来孩子在我的引导下，进行了两次修改，最后的文章让我们办公室的老师看得感动流泪。孩子心中的善良被激发，他的文字就有了震撼人心的力量，同时他个人也得到了情感与道德的升华。

三、交流，让品位提升

心理教育家研究发现，十岁以前的孩子崇拜师长，但是到了十岁至二十岁就进入一个心理上对父母、教师轻视的阶段，他们崇拜电视明星、歌星，这个时候，我们如何与孩子进行沟通呢？当孩子不愿意与我们交流的时候，当我们的说服教育没有效果的时候，那怎么办呢？给您支个招——写信！把心里的话写下来，交给他。但是您千万别问他看了没有或者看后怎么想，孩子肯定会看，但是看了之后很可能什么也不说，您如果还有话要说，可以继续写第二封，第三封。孩子可能会在某天对您说，老师，您的信对我帮助很大，感谢您！在孩子随笔本上写点评文字，有时有针对性地写信，每月坚持给五六个孩子写信。还有一些关键的时候、特别的孩子等，我就专门给他们写信，有时写得很长，让孩子们在文字中思考，在思考中顿悟。

师生最常见的文字交流就是老师点评孩子的随笔了。在点评的时候，我一般喜欢从内容、思想上去衡量。我在给学生写评语的时候，对于那些随便写的学生，我也随便地评；而对于那些认真写的学生，我总是十分真诚地与他们交流，并一定要达到让别的同学羡慕的程度。下面是一个写作比较随意的学生写的一则随笔，我觉得很有意义，于是收集了起来。

又要发日记本了，每到这个时候我都有种急切、盼望的心情。

翻开日记本，看看上面的简短评语。可每次看到后都有种绝望。上面总会醒目地写着"不够具体""写得不够仔细""没有主题"等，再看看陈梦露，两手拿着日记本，脸上时而出现灿烂的笑容，时而镇定自若，我偷偷地一瞧，"你不会这样吧！""好材料！""分段！大小姐！"……虽然这些话是给她在指缺点，但看了真的有种很舒坦很亲切的感觉。

老师，也请您给我像那样指出问题，我需要您的帮助。

更多的还是与孩子们随笔中的交流。记得有一年做"成长的烦恼"的专题，每个孩子的随笔我都进行了点评，然后孩子们又针对我的点评以及辅导，写下了反馈，随意摘录如下（上面是我的点评，下面是孩子们的反馈）：

可以感受你的烦恼，同时也相信你的成绩能够好起来！

听了老师的话，我心中的烦恼已经消除了。虽然我学习成绩不好，但我可以好好地学啊！但如果因此而烦恼，这样不仅对自己的成长有一定的影响，而且会使自己对学习越来越没有信心，所以，我一定要好好学习，因为只有这样，我心中的烦恼才会消除！（陈明波）

如果你到妈妈这个年龄，你会怎么做？你希望成为她的"翻版"吗？如果希望，你会怎样？如果不希望，你又会怎样？

我明白妈妈的良苦用心，她也是为我好，希望我能比别人强。虽然这是妈妈带给我的烦恼，但这个烦恼我现在愿意接受了。如果换作我，也许更糟糕。现在想来，如果不是妈妈的"硬逼"，也许现在我什么都不会。（朱梦云）

我会帮你的，相信我，更要相信你自己！

烦恼算什么，只要有坚强的毅力，就能顺利地摆脱。人如果一辈子活在父母或者其他人的影子下，那就白到人世间走一趟。人要有目标、理想，并且还要去奋斗，要走出一条独特的属于自己的人生之路。（段迪）

四、坚持，给精神归宿

随笔坚持写，就成日记了。把写随笔变成一种习惯，让它成为我们的一种生活方式，你会觉得自己在改变，精神在提升。漂泊的灵魂有了一个归宿，也就是说，有了一个精神的花园。

说说我们的班级日记吧。班级日记人人都写，每天负责写班级日记的同学在晚自习前找我，与我谈一天的经历、心情、观察、感悟等，确定写什么。然后睡觉前写好，第二天早上交草稿给我，我简单地看过后，进行篇章结构的指导，再誊正，然后在班上张贴展示。班级循环日记给每个学生一个锻炼的机会，让全班学生都参与进来，也给了我与每个学生谈心的机会，两全其美！

当随笔成为我们的一种生活方式的时候，我们都会改变。我自己就是一个典型的例子。这么多年随笔的写作让我感悟生活，与孩子一起成长，享受教育。而它的益处在孩子们身上也得到了验证。我的学生总是那样的阳光，总是那样的开心。

2005 届有个全校最差的学生，我给她写了 5 个月的成长记录，最后她还是退学了。我将这些文字送给了她。回家后，她先是跟随姑妈到武汉学服装设计，以她那样的基础，如何能行？接着她又到她爸爸所在的工厂做工，很快就放弃了，最后还是去读中职，学的是计算机专业。2006 年开年后，她居然去教书了！我知道这是受我的影响！说实话，我当时感到很惊讶，她准备走南闯北的人，能受我的影响而静心做幼儿教育，听说她还是那个学校最负责的老师！我开始不赞成她做教师，觉得她的性格不合适！但是，当她来看我时，服装、言谈举止都让我觉得判若两人，我才知道，教育如此的神奇！她从收到我写的那本成长记录后，就开始写日记，只是没有给我看。记得离开学校的时候，她对我说，我一定不会让你失望的！我对她说，我并不希望你如何，只是希望你能过正常人的生活罢了！现在，她有了孩子，依然在做教师，她说这样对孩子好。我不知道她的明天会如何，但是，她惊人的转变，让我觉得随笔的作用不可估量！

坚持，给精神一个归宿，灵魂就有了寄托。坚持，随笔往往可以创造出和谐的境界！

五、成果，将精彩延续

平时的随笔写作，要重展示、交流与互动。每年给学生编辑随笔集是一个很好的举措。这些年来，我给学生编写了几本随笔专集，又叫成长档案吧，网上网下，反响很强烈！

第一本《情系初三》由李镇西老师作序，第二本《一起走过的日子》由赵登亮老师（网名"水易"，作家）作序，其余的还有《感动三班》《难忘的2006》《瞧，我们 B 班》等都让我们的故事得以延续，丰富了学生的生活，让我们的随笔故事有了强大的生命力！

往届学生的经典故事在现在的学生中流行，当文章中的主人公出现在班级的时候，产生的轰动效应真的难以预料！记得在 2006 年春季开学的时候，我将我的 2000 届毕业生请到班上上开学第一课，场面非常的热闹与感人！六个在校大学生，有清华的、武大的、华科的，也有三峡大学的，以及一些普通高校的，我们的主题是"与你同行——在校大学生与你谈心"。将优秀的随笔流传，让精彩的教育故事与生活延续，何等的美好！

我们的每一本随笔集出来后，对其他班级以及下届学生的影响也是巨大的！学生们循着学长们的足迹，感悟人生，共同编织有意义的生活。

这些集子就是希望在日后某一天能勾起孩子们的回忆，想想我们在一起的时光，想想我们曾经共写随笔的日子，想想我们曾经拥有的故事。对他们来说，那或许会是一份温馨与激励，说不定他们会自觉地投身到日常的随笔写作中去，而让自己的生活更加充实与精彩。当然这只是一个美好的希望，但我更多的是希望这些集子能将亲情与友情、同学情与师生情得到延续与传递。当某年某月某天的某一时刻，他们重新翻起这本集子，或者，他们的亲人、朋友读到我们这些文字，那一份激动与震撼是无法形容的。

或许，这些希望只是我个人美好的设想，但是我对他们真诚的祝福与美好的希冀长留在心中。或许他们会永远地忘记，也或许他们只会偶尔想起，但无论何时何地，我都会永远记得，有那么多可爱的孩子曾经陪我度过了一段段令人难忘的快乐时光；我也会永远感激，有一群热情的少年曾经与我共同感受随笔带给我们生活的享受与情感的成长；我会用清晰的头脑将孩子们鲜活的笑脸永远定格在我的记忆深处……

每年编写一本集子，周期太长。后来，我开始两周出一期班级报纸。发展到现在，我们每周都有文字发布在公众号上。这样，学生们参与的劲头就更足了。

在我的班主任工作中，随笔是班级文化的载体，随笔指导就是围绕我们班级的核心文化来展开的。指导、交流，让孩子们学会做人；温情、感动，让孩子们珍爱生活。

时至今日，2005届的学生（我最早进行随笔试验的班级），据我了解，仍有近一半人在坚持写日记，我很感动！试想，一个坚持进行"道德长跑"的孩子，精神能不充实，生活能不幸福吗？

现在，我几乎所有的工作都是围绕着"师生共写随笔"，然后给学生编写纪念册来做的。我每天给学生批阅随笔，发现精彩的就指导写成作品收录；发现情绪上、思想上有问题的，我就与他们探讨，进行引导；发现家庭中存在影响孩子成长的问题，我就与家长联系，共同探讨孩子的成长问题；发现师生之间、生生之间以及孩子与父母之间存在隔阂，我就去协调……我每天都感到很充实，很幸福。没课的时候，我就在班级转转，就像我的网友毛春桦说的那样，站在教室里就是一种幸福。我每天都与学生谈心，我知道他们的喜怒哀乐。在他们生日的时候，我给他们做相册、写信、拍照，给他们留念，为他们庆祝。还有班会的设计、集体活动的导演，以及班级事务的参谋等，都是我与学生一起在做。我们相互信任相互学习，师生之间如家人一样和睦相处、亲密无间。学生毕业时，我给他们制作毕业相册，建立网上家园，让他们保持联系，我希望留给他们温暖美好的回忆。

第八章　如何陪伴学生

一、默默记录，深情陪伴

那是 2004 年的故事了。

故事的主人公是娟。她在镇上一中二中都待不下去了，转到市区，在城里公立私立也都待不下去了，她的父亲为她想尽了办法，还带她到大学去感受读书的乐趣，带她到工厂去经历打工的艰辛，但都没有用。后来他彻底绝望了，找关系来到了我的班上，当时我只是语文教师。

记得那年学校组织"迎十一"卡拉 OK 歌手大赛，班主任安排我来辅导学生。我惊奇地发现她的歌唱得非常好。对于唱歌好的人，我是情有独钟的。我认为唱歌好的人应该节奏感比较强，朗诵应该不错，同时语言理解能力也应该不错，情感应该更加丰富。于是我开始关注她，给她写下了第一篇成长记录。没有想到，这一写就没有停下来。

元旦快要到了，我准备将这些记录作为新年礼物送给娟，但不知道是否合适。网友们给了我很多的建议，关注她就要让她知道，希望对她有所触动。于是我在农村中学打印条件极其困难的条件下，几经周折，将我为娟写的记录打印了出来。虽然有些地方墨迹不清晰，但是我依然很激动。

记得元旦放假前，我将娟叫到办公室。

"元旦了，你为老师准备新年礼物了吗？"我微笑着看着这个黑脸的大个子女生。

"没有！"她像往日一样嬉皮笑脸。

"我给你准备了一份礼物。"我静静地从抽屉里拿出了给她的记录文字，只简单地用一张白纸放在第一页当作封面。

"这是你这四个月在学校的表现，"我很平静地看着她的脸，"我每天给你记录，总共有近三万字了。"

只见娟面部的肌肉僵硬了……

"朋友，一路走好！"当我写下这几个字后抬起头，发现娟的面部依然没有表情地凝固着。我接着写下"你的朋友：肖盛怀 2005 年元旦赠"这几个字，然后递给了娟。

娟迅速地接过这非同寻常的礼物，脸上的肌肉抽搐了两下，然后扭头就跑了。我还没有缓过神来，只见她又来到我的面前，深深地鞠了一躬，"谢谢老师！"然后"仓皇"出逃……

后来，她有了一些改变，但是多年养成的恶习不是一下子就能改变的，在不停的反复中，她在挣扎，我的记录也在继续。直到后来她与班主任冲突，在学校待不下去。那是下学期的开学，三月初的事了，到那时我给她的成长记录文字有七万八千多字，网友的跟帖有一万多字。

面对她的离开，我想了很多。因为我不是班主任，很多时候我只能默默地关注。在我们农村学校，很多工作有明确的界定，教育学生是班主任的职责，科任教师只负责学科教学就行。很多时候，班主任会对科任教师教育学生的行为表示不满，甚至会引起矛盾。我感到很痛心，但是我无能为力，她也的确不是很争气。离开校园的时候，她对我说："我不会让你失望的。"

直到今天我依然能感受到她说这话时的坚定，之后，我也感受到了她的一系列转变。

辍学后，家人安排她去中职学计算机。但是两年后，谁也没有想到她成了一名幼儿教师，而且听说相当地认真负责，每天随校车最早去接孩子们，最后一个离开校园。我很自私地以为，她是因为我改变的。但是做教师毕竟不适合她的性格，她最终还是离开了幼儿园。后又四处打工，当了妈妈后，又做回幼儿园老师。

一个令老师、家长头疼，被放弃的孩子能在今天自食其力，我感到欣慰，不亚于我的学生考上了清华，虽然她在学校的时候没有转变。

记得我在给娟的成长记录的扉页上写着这样几句话：

> 我真的希望我能用我的爱心与真诚来让她转变，让她成为我的骄傲。但是，我并没有这样的功利，就算她在毕业时都没有转变，我都会相信，总有一天，当想起我与她相处的点点滴滴时，她一定会有所触动的！因为我相信我们之间的那种难得的默契！

娟离开后，我一直都很失落，也很伤感。因为我有一种劳而无功的挫败感。我一直都深刻地反思，我或许可以为她做些什么，但我终究没有。当时网络流行"杨不管"老师，我深深自责，我是不是也有"不管"的嫌疑。

随着工作实践的更加深入，我对教育的理解也逐渐加深，我才真正领悟到：陪伴是最好的教育。

或许今天当我面对娟这样的学生的时候，我不会这样"盲目"地靠爱与真诚，我会采取一些行动，但是我依然无比怀念为娟写成长记录的那段岁月。因为在我看来，那不是对问题学生的"教育"，那是一个教师对孩子真心的期待，那是一种没有功利的"陪伴"。

二、教育缺失，成长需求

什么是教育，什么是最好的教育，每个人都有每个人的理解。我认为，科学的、专业的、人性的、学生可接受的，就是最好的教育。

对于这个孩子，我什么都没有做，就是默默地关注、记录、陪伴，为什么这个孩子有这么大的转变呢？为什么在任何的教育方式都无效的情况下，陪伴发生了如此巨大的作用？我不禁对当下教育进行了思考……

（一）真正教育的缺失

1. 作秀的教育课堂

公开课的作秀早就被大家熟悉了，德育的作秀也开始慢慢崛起了。在大众心中，教育好像有一种样子。当"德育""教育"有了一种固定的样子与模式的时候，真的是很可怕的。因为它已经严重缺少了人文的关怀与理性的思考，在这样的情况下，师生得不到发展，身心绝对不会快乐，哪来的幸福可言？苏霍姆林斯基说过，造成教育青少年困难的最重要的原因，在于教育实践在他们面前以赤裸裸的形式进行，而处于这个年龄期的人，就其本性来说，是不愿意感到有人在教育他们的。

2. 迎检的活动展示

当学生在活动中感到身心愉悦，就能得到有效的成长。这些年各地各校活动也多了起来，但是也逐渐地沦为一种形式。特别是在"迎检"文化下的活动，更是敷衍塞责，拍几张照片，写一点文字记录，完全不考虑学生的感受。重结果，重展示，为了赢得领导的赞许与检查的高分，完全不顾孩子们的意愿。学生们在雨中表演，领导伞下欣赏；学生们在太阳下炙烤，领导在凉棚里观望……有时为了达到一个动作的整齐划一，学生们排练和表演不知道吃了多少苦，起早贪黑练习不说，关键是在这个过程中孩子们受到了多少的委屈与虐待。当活动已经变味的时候，真正的教育就远离我们了。

3. 放纵的自由发展

很多人看了夏山学校、华德福、巴学园等教育的个案，还接受了国外的一些教育思想后，他们总觉得国内教育对学生限制太多，于是走向了另一个极端，对学生放任自流，完全收不回来，这对学生无疑也是一种伤害。

（二）班级管理的现状

1. 自主管理

现在很多教师倡导班级自主管理，特别是高中阶段，因为这样可以尽量将班主任从繁重的班务中解脱出来。放眼望去，真正能做好自主管理的，又有多少，而更多的衍生了太多的问题。班主任原以为让学生自主管理了，自己就轻松了，没有想到，在刚开始做的时候，班主任会更累，因为他们要全程跟踪。在自主管理的实践中，之所以很多人不成功，就是因为他们的出发点就错了，他们倒在了迈向自主管理的第一站。除了为数不多的成功实践者之外，更多的就是，给学生一些自主的权利，然而最后还是班主任说了算。他们称民主后再集中，师生共建，这才是最好的教育。其实都是怕麻烦，但他们没有想到教育就是一个麻烦事，谁也走不了捷径！

2. 家校共建

班级管理中还流行着一种家校共建的模式，在小学阶段比较多。班级中很多工作都有家长的参与，包括本该学生做的清洁工作。很多事班主任是不会做的，但是学生又小，家长又每天都接送都在场，于是家长就主动地承担起给孩子的任务。虽然孩子们没有得到锻炼，但是班主任还是比较满意的，毕竟有人在做事。这种管理虽然看起来很和谐，其实隐藏着太多的问题，其中最关键的就是学生没有得到更好的锻炼，教育的作用没有发挥出来。

3. 心理介入

很多班主任喜欢将心理学的一些东西"嫁接"到班级管理中来。我之所以说"嫁接"，就是因为没有真正地深入，只追求一些皮毛而已。有些班主任在对待问题学生的时候，一旦与心理问题挂上钩，他们很多的想法很可怕。比如孩子坐不住、过于活跃，就说人家多动症；孩子太坐得住、话比较少一些，就说人家抑郁症、自闭症。其实孩子们很多的问题属于情感、情绪以及爱好的范畴，根本不是心理的问题。很多学校还设置心理咨询室，其实是形同虚设。班级管理中，心理的东西慎用，千万不要给孩子造成不必要的伤害。

（三）孩子成长的需要

在孩子的成长过程中，入学前，他们最信任的人是父母，也就听爸爸妈妈的话。进入校园后，老师的话成了圣旨，当然这个时间段维持得不长。当孩子慢慢长大，差不多进入小学高年段，有了自己朦胧想法，他们的身体发生了改变，出现了"第二性征"。他们开始叛逆，开始怀疑父母、老师，他们更多地看重身边的同学与朋友，甚至会为了同伴而违背师长的意思。有人称孩子们的这个年龄段为"危险期"，一帮热血沸腾的小青年在一块，很容易出事。

在这个年龄段，最需要有一个人的出现。这个人首先要是他的同伴，能与他走得近，然后又冷静理性，更重要的是学识要渊博、智慧，能为孩子的成长保驾护航，这就是人们常说的"重要他人"。

重要他人是心理学和社会学都关注的概念，指在个体社会化以及心理人格形成的过程中具有重要影响的具体人物，重要他人可能是父母长辈、兄弟姐妹，也可能是老师、同学，甚至是萍水相逢的路人或不认识的人。

谁来充当"重要他人"的角色呢？我认为与孩子朝夕相处的班主任是最好的人选。他们与孩子在一起的时间比父母都多，更重要的是，他们全方位地负责着教育孩子的使命。

"好的关系胜过许多教育"这个观点源自孙云晓先生的一本书《好的关系胜过许多教育》，这是他的家庭教育自述。他说，当一个你所亲近或崇敬的人，他表扬你时你会欣喜不已，他批评你时你会格外愧疚。因此，好的关系胜过许多教育。孙云晓先生说：回想20多年的家庭教育，他有一个重要的发现，什么时候与孩子的关系好，什么时候的教育就容易成功；什么时候与孩子的关系糟，什么时候教育就容易失败。

其实，做班主任不也是与做家长一样吗？二十多年的班主任工作让我惊讶地发现，班上那些成绩好、表现好的同学大多都与老师关系很好。并且我有一个感觉，那些与我走得很近，并且敢于正视我的学生，都是很正常的学生。一旦一个学生开始躲避我了，不敢正视我了，或者眼神有些游离，眼睛有些无神，我知道出问题了。而好的关系是在陪伴中形成的，因为日久才能生情。在班主任工作中，只有注重陪伴，班主任才可以进入"重要他人"的角色，对学生的成长产生积极的、正面的影响。

三、教育无奈，陪伴有方

（一）同行：共情，默默地接纳

共情（empathy），也称为同理心，又译作同感、同理心、投情等。这是由人本主义创始人罗杰斯提出的概念，却越来越频繁地出现在现代精神分析学者的著作中。

人本主义心理咨询家认为共情是影响咨询进程和效果的最关键的咨询特质。按照罗杰斯的观点，共情是指体验别人内心世界的能力。

我特别倡导班主任与学生的共情，就是希望班主任能换位思考，了解学生的感受，在理解学生的基础上被学生接纳。这样，师生才有了同行的可能。

在现在的班级管理与教育过程中，很多班主任成了消防员，哪里出问题就赶到哪里。而且教育的形式也如前边提到的一样，赤裸裸地在师生间进行教育活动。我提倡构建班级文化，这样才可以有效地预防问题的出现。而我采用的方法就是共读共写共同生活，也就是"陪伴"。但能与学生共读共写共同生活的老师，真的很少。

有陪伴意识的班主任，他不会在学生出问题的时候急躁、简单粗暴，而是冷静处理。他会设身处地为学生着想，通过换位思考，他能与学生感同身受，悲喜与共，幸福着学生的幸福，悲伤着学生的悲伤。在这种情况下，班主任首先想到的不是处理问题与惩罚学生，也不是谁对谁错，而是"共情"，在理解与宽容的基础上，有时什么话也不用说，什么招也不用想，班主任陪得越久，效果越好，孩子越能与班主任很好地交流，事情会得到很好的处理。

(二) 倾听：闭嘴，静静地聆听

反思班主任工作，大家是否感觉我们的话太多。无论课上课下、校内校外，我们都在说。很久前，我曾想写一篇文章——《班主任，请闭嘴！》。当写下这个题目后，我一直都没有动笔，因为我怕招来整个班主任界的责骂与非难。我们说得太多，以至于使学生厌烦了，自己都讨厌自己了。我们还坚定地说，我们是为孩子好啊，痛心疾首，一种我不下地狱谁下地狱的豪迈。

只有闭嘴了，班主任才可以静静地聆听孩子们的心声，了解到更多的真相，触摸到教育的真实。如果你不信，现在就试试。闭嘴，张耳，聆听，你会发现，孩子如此可爱，陪伴如此美丽。

还有一点值得注意。学生在诉说时，有时会有些啰嗦，或者不着边际。很多班主任就会沉不住气，不耐烦，制止或者打断学生的话，希望学生说重点，说简单点。不能共情，不能站在孩子的角度去思考，也是班主任做不到倾听的重要原因。班主任时刻要记住，与孩子交流，就要用孩子的思维，否则，就谈不上真正的交流。

(三) 关注：注视，眼神的交流

关注，指关心重视，用实际行动或者用心去对待某人某事。

根据这个意思，关注应该是没有功利性的，应该是全方位的。班主任对学生的关注，我觉得就应该这样，然后敏锐地发现问题，冷静地寻找解决的办法，尽量地将可能发生的问题消灭在萌芽状态。

但是大多数班主任过多关注学生的成绩或者是否听话，更以自己的标准来判定，老师觉得不好的学生就不行，有些责任心强的班主任还为此吃不好睡不好。

那么，班主任如何关注学生呢？

首先，班主任要学会观察学生的言行。观察需要静心，不是简单地看两眼。试问，有多少班主任静静地看过学生三分钟，而且是每个学生都这么看过？做不到这一点，那就不能察言观色。

其次，班主任要学会看着学生的眼睛。我有一个习惯，说话、讲课的时候，都喜欢看着别人的眼睛。就是在外讲座的时候，面对一两千的听众，我都会与他们有眼神的交流。从他们的专注度中，我可以适时调整我的授课，这或许也是我授课比较受欢迎的一个重要的原因吧。很多班主任不看学生的眼睛，那么学生的一言一行就难以掌控。静静地看着学生的眼睛，脸上含着微微的笑容，学生是能感受到班主任的友好与喜爱的。特别是当有一些调皮捣蛋的学生思想上开小差的时候，或者在做与课堂无关的事的时候，你就默默地看着他，不提醒，不呵斥。也许有的班主任说，他在违纪违规啊，我能不管吗？听听我下边的描述后，你或许会改变态度。当你静静地看着这个孩子，你会发现，这个时候，孩子的眼睛在发光，脸上洋溢着抑制不住的笑意。这个时候的真实的孩子，是很多班主任一辈子都看不到的。我们总觉得有些调皮捣蛋的孩子一无是处，但沉浸在自己的世界里的孩子像换了一个人一样，他们的笑容是真实的，此时此刻真的很可爱。一般孩子在偷着乐的时候，他们会非常的谨慎，时不时地左顾右盼，看看老师是否看到自己，做贼心虚嘛。而此时此刻，当他无意间看到你，四目相对，而你又善意地看着他，微微一笑，什么也不说。事实上，你的微笑，你的宽容，你对孩子的爱，真的可以让孩子彻底融化。他会抱歉地笑笑，如你微笑的样子，然后立刻自觉地停止手上的活开始学习。以我的经验，孩子会觉得老师是喜欢他的，并且往后会对这个老师言听计从。这里或许有一种"士为知己者死"的江湖义气，但很真实，人同此心。

最后，班主任要学会体验学生的快乐。学生沉浸在自己世界里的快乐，真的是无以言表的，如果你不用心注视，是不会感觉到的。当感受到学生的快乐后，你会为了让学生得到这种真实的快乐放弃很多非理性的做法，会改变自己已有的思路，为他们服务。这个时候，你快乐着学生的快乐，幸福着学生的幸福，你也就逐渐成为一个幸福的班主任。

(四) 替代：借力，适合的最好

班主任普遍感觉现在的学生难管，有时真的没有办法。当你真有这种感觉的时候，我建议你，静下心来想想，常规的方式走不通了，可不可以换一种方式。我认为替代是最好的办法。

你感觉学生不听你的了，那就不要说了，找外人来帮你说。任课教师、学校领导、家长、同学、往届学生、社会人士……这些人都可以成为你的辅助教育者。

当语言交流出现障碍的时候，班主任可不可以试着用文字的方式与学生进行沟通呢？比如给学生写小字条、写信，还可以用文字记录班级故事、学生故事，就像前边我给孩子写成长记录一样，其实这些都是师生共写的范畴。

班主任还可以运用媒介来传达心声，比如利用歌曲、综艺视频、电影、电视剧等传播正能量，寓教于乐。这其实是一种文化的浸润与渗透，通过日常的视听来不断强化班级文化。更重要的是，班主任在寻找学生可以接受的方式，让他们开心地成长，其实这也是一种温馨的陪伴。

(五) 时间：坚守，心灵的融合

雷夫·艾斯奎斯说，我这个老师没有特别突出的创造力，于是，我决定给他们我能力范围内最宝贵的东西——时间。

没有时间的保证，无论技术多么娴熟的班主任都难以走近学生，难以与学生有真正的情感交流，难以帮助学生成长，难以体验到班主任的幸福感，甚至说，难以做好班主任。

在很多地方，我都听到班主任老师们的抱怨，特别是早中晚三到位，疲惫不堪。说实话，我虽然有些懒散，但基本上也是全天守候，我觉得很开心，很享受。不是我有什么难得的教育情怀，而是我认为做班主任是最好的养生之道。我不是教班主任如何养生，而是告诉大家，做班主任可以促使我们形成一种健康的生活方式，就是养生之道。当我们认识到这一点，我们就会真正地享受教育，享受工作，享受生活。

有人说，一天到晚泡在学校，陪着学生很无聊，班主任的时间就这样慢慢消磨了，其实不然。除了教学教育之外，可以做两件事：第一，利用公家的时间专业发展，阅读、写作、上网等都可以做；第二，利用公家的时间加强锻炼，按照学生的作息和课余生活状态来生活，一定会健康。

在养生的过程中，班主任要学会与学生平等交流。最喜欢的事情是孩子们找我谈心，我也特别享受这类与学习无关的活动。与学生在一起的时候，千万不要借机来对他进行"说教"，莫谈学习。学生玩什么，你就玩什么。这个时候，学生会感觉班主任就是自己人，或者他们会觉得自己就是班主任的贴心朋友。这些微妙的关系在班级管理中很重要。

与学生在一起的时候，班主任要教会他们生活，指导一些生活常识、日常技能、交往细节等。教学生学习以外的知识，他们受用终生的。

四、潜移默化，教育无痕

"教育"应该是使人从一个自然人成长为一个有责任感、人格健全的社会人的过程。这里可以狭义地单指学校教育，但一个人的成长绝不只是学校教育能完成的，还需要家庭教育和社会教育的共同作用。

真正好的教育是什么样的？我无法简单地用语言来描述，但我相信，一定是尊重孩子成长规律，顺应孩子身心健康成长；是让孩子的身心不受到暴力（包括身体暴力和语言暴力，还有表情暴力）伤害的过程；是让孩子愿意积极主动投入到学习活动中去的过程；是孩子愉快幸福的生活体验过程。这个过程中，孩子会有挫折和眼泪，也会不断犯错误，但教育者所给予他的一定是引领、呵护、帮助、陪伴、同情、怜悯、宽容等，而不是简单的说教和训斥。

教育的作用更不是教师通过简单的说教、"我告诉你"就能达到的，而应该是潜移默化的影响，是没有痕迹、润物细无声的润泽，是尊重、平等再加上引导、帮助的结果，这个过程，就是陪伴。

陪伴，单从字面上来理解，就是陪在身边，做伴的意思。假如教育是这样的陪伴，那是毫无意义的，就如同家中养一条小狗来陪伴一样，仅仅是做伴而已，那也不需要知识、文化了，随便一个生灵都可以做伴。

作为教育者，我们的教育主体是学生，那就要突出学生的成长。我们只是陪伴者，但这个陪伴者不是简单地在他身边，更不是放任不管，而是教育者的一种姿态——

以平等的心对待每个学生，不会因学生学习优秀而格外厚爱，也不因学生的顽劣、违纪而歧视挖苦，给每个学生提供公平、平等的受教育机会、搭建良好的学习平台，给每个学生提供力所能及的帮助和服务。当我们以平等的心态对待所有学生时，学生能处在健康的环境中，感受到的是温馨、和谐。

以尊重生命的情怀尊重每个学生，生命没有高低贵贱之分，无论学生犯了怎样的错误，我们可以批评，可以惩罚，但不可以侮辱其人格，不可以讽刺挖苦谩骂，不可以用暴力手段（包括身体的暴力和心灵施暴）惩罚学生，就如同伏尔泰的一句话"我不同意你说的话，但我誓死捍卫你说话的权利"，这就是尊重。当我们充分尊重每个学生时，学生也在尊重的教育中树立起自己的尊严，变成有自尊、也尊重他人的人。

以宽容的心胸对待学生的错误，每个人都不是上帝，所以每个人都会犯错误，尤其是正在成长中的儿童，犯错误是常态。作为教育者，我们应该有一颗宽容博大的心容纳学生所犯的错误，悦纳每一个孩子，如同印度电影

《地球上的星星》所说的，每个孩子都是一颗星星，每一个孩子都是独特的个体，要善待孩子身上的那些所谓的缺点和错误，不要轻易给孩子贴不良标签、下断语，说不定将来他就能成为某一方面最伟大的人才。只有让每一颗星星都闪亮，我们的天空才会是明朗的。

以伙伴的心态对待每一个孩子。学生的成长需要老师的帮助、教育，但老师在帮助教育学生的过程中也在不断成长，可以说，我们成全学生的同时也是自我成全，我们也在不断得到学生的帮助。陪伴是相互的，不仅互伴，更是互助，就像当今著名的佐藤学、雷夫等名师，他们从不说自己多么成功，而是很真诚地说自己一次次的失败，在失败中学生帮助自己解决问题。可以说，因为有了学生，我们才学会当老师。

我们是教育者，但不以高高在上的教育者自居，而是学生学习生活的伙伴。或许，在某些专业的知识上我们比学生懂得更多，我们所能做的，就是借着这些知识传递给学生文明、文化，这个传递一定不是简单地告诉，而是创设良好的学习氛围让学生乐学、爱学、学会；在他犯错误的时候，不是简单地告诉他"对"或者"错"，而是引领他在错误的尝试中找到正确的路；不是站在道德的制高点、学术的制高点上对学生指手画脚，而是俯下身子走近学生，走进学生的心灵去帮助他们，引导他们。教育，不是挂在嘴上的口号，而是落实在行动中的责任、智慧和爱；爱也不是挂在嘴上的口号，而是润物细无声的呵护、关怀、同情和怜悯，是学生进步时你扬起的眉毛和嘴角的微笑，学生郁闷苦恼时你流露出的焦急和关切……就像《死亡诗社》中的基汀老师，《地球上的星星》中的尼克老师，《放牛班的春天》中的马修老师，他们都是学生最好的陪伴者。

所以，陪伴是最好的教育，而如何陪伴学生是每个班主任的必修课。

第九章 如何转化问题学生

所谓问题学生，不是学生一有问题，或者一出问题，就是问题学生。王晓春老师说，常规的方法搞不定的，才可以算是问题学生。比如，这个学生出问题了，老师一谈心，或者严重点的一找家长，孩子就老实了，这样的孩子就算不上是问题学生。问题学生就是我们平时所说的油盐不进的学生。

王晓春老师特别强调，问题学生必须要专业人士来界定，比如学校德育领导和研究者来认定。他建议学校组建问题学生鉴定专班，在各班班主任描述学生状况后，进行界定，然后安排专门的老师进行引导和校正，并且定期开展问题学生转化的专题会议，或交流转化心得，或探讨存在的问题，或展示转化的成果等，把问题学生的转化当成学校的大事来抓。只有这样，才不至于让问题学生蔓延，或者影响其他学生；同时这样也可以高效地育人，完成教育教学的任务。但是太多的学校根本没有把它当成全校的大事来抓，导致问题学生的数量得不到有效的控制，而且问题越来越严重，给教育教学和学校管理带来了极大的不便。

问题学生界定后，班主任老师可以按照如下的思路开展工作：

一、专人专职，职责明确

每个问题学生身边都要有专职人员负责，他们从不同层面来关心、督促、落实各项工作。

（一）领导层面：蹲点，每周检查问题学生转化工作。一个领导可以负责几个班级的蹲点，与班主任对接，全面了解问题学生转化工作与动向。

（二）教师层面：每周一次作业检查、一次谈心、一次电话（两周一次家访）、一次玩耍、一次周记等，根据各地实际情况确定。根据学校和教师情况，把教师分配到各个班级，然后每个教师再负责一两个问题学生，具体落实帮扶政策，把工作做到实处。

（三）同学层面：指定两个同学，一个成绩好，一个关系铁，每人每天分别从学习上、思想上帮扶，做到随时提醒，随时帮助，如影随形。

（四）家长层面：确保周末的陪伴与监督，并及时汇报给班主任。只有家长紧密配合，才能保证教育的连续性与一致性，促进孩子健康成长。

四类专职人员从不同层面来开展问题学生的转化工作，相辅相成，缺一不可。班主任要做好统筹安排，具体问题具体对待，全面促进问题学生转化。

二、专题交流，经验整理

（一）每天记录，规范档案

由班级负责值日的干部和同学填写问题学生当天的表现，做好记载。这样便于总结经验教训，也利于积累资料，有助于教育科研。

（二）每周小结，防微杜渐

人都是有惰性的，坚持需要毅力。在每天的督促下，每周小结，奖勤罚懒，及时通报，对于问题学生的转化具有十分重要的作用。

（三）每月交流，全员汇报

针对班级的问题学生转化，由班主任主持，各个教师汇报每月的工作，交流经验，提出困惑。当问题学生的转化工作作为一个重要的问题对待的时候，思路与方法就会更开阔，很多问题都会迎刃而解。

（四）每期总结，优秀展示

学校组织各班主任进行大型的问题学生转化专题交流，成功的经验推广，把优秀的案例汇集，这些都有利于转化工作的继续开展。同时，问题的聚焦、疑难杂症的会诊，更可以把问题学生的转化工作推向深入。

（五）每年收集，成果留存

班主任每年将问题学生转化的资料进行分类收集，有案例的汇编、经验的交流、方法的提炼、理论的构建等。在个人力量难以解决的情况下，还可以成立课题组进行研究，寻求校方以及外界的学术支持。这样，问题学生的转化工作就进入了真正教育科研的境地。

很多老师谈到转化问题学生，就直接想到技巧和方法，其实这从根本上就错了。没有班级文化作为背景，无论多么娴熟的技巧都不会有效果。营造一种氛围，构建一种环境，让孩子明是非、知荣辱、有目标、重落实，转变起来才会循序渐进。

我强烈建议，无论学校对问题学生转化有没有具体要求，班主任最好能成立问题学生转化的专门小组，进行界定、转化的研究，成就学生，造福社会。

以下是笔者在转化问题学生中的一些感悟，与诸君分享。

一、一视同仁法

对待学生公平公正，说起来容易，做起来难。因为实际教育教学工作中很多问题学生得不到应有的尊重。也正因此，问题学生的转化成了一大难题。

我有一个学生，来到我班上的时候已经在城区各学校都待遍了，回到镇上，又由二中转到一中。这个学生言谈举止要比别人都慢半拍，于是同学们经常笑话他，老师们也觉得他常捣乱，但是他思维活跃，我经常在课堂上肯定他。后来他初二没有读完就参军了。参军前一夜，他还专程来看我。一个月后的一天，晚上十一点左右，我的电话响了，是他打来的。他告诉我军营太苦了，我问他是否给父母打了电话，他说刚打完，接着就给我打，并告诉我，排了一个多小时队才打到电话，说着说着就哭了，他说，他与父母通话的时候都没有哭。后来我们五年没有联系，2007 年 10 月，他一听说我在二中，就风尘仆仆赶来，一见我就抱着我痛哭流涕，用他那慢半拍的声音说"肖老师，我找你找得好苦啊"。现在，他每隔一段时间都要给我一个电话，没有什么事，用他的话说，就是要告诉"我的肖老师"他的近况。"我的肖老师"啊，真的很令我感动。

这个学生为什么对我难以忘怀呢？他告诉我，因为我是他的伯乐！他说，每个老师都不喜欢他，瞧不起他，从来都不说他的半点优点，只有我说他思维活跃，有创意，并对他时时肯定。是啊，我们之间根本没有什么特别的故事，足以让他这么深刻地记住我的原因，就是我在课堂上对他的一点肯定！

只要对孩子们公平公正，给孩子们应有的尊重与宽容，我想孩子会相信我们、亲近我们。"亲其师，信其道"，这样我们的工作就好开展了。

这段经历让我感受到"一视同仁"对于一个问题学生是多么的重要，因为这不是爱，这是对人性最基本的尊重。

二、科学诊断法

在充分了解并分析了问题学生的具体情况后，班主任要能给出一个科学合理的诊断。就像医生开处方一样，然后督促学生一步步实行。面对问题学生，分析表现、探求成因、思考对策。诊断是否科学，那就要看你平日的修炼以及对教育的理解了。

　　我支教的时候，有个四年级的学生期中考试语文成绩只有三四十分，家长很着急，找到了我，希望我给他补课。我从来不给学生做补习的，但是鉴于家长的诚心，我答应了下来。

　　我找到这个孩子，要他带上自己的卷子，我要看看他问题出在哪里。我发现孩子的字很潦草，根本看不清楚，作文也只写了几句。我问孩子为什么，他说，因为写字速度太慢，来不及。如果真是这样，那字迹前后应该有差别啊，但是前后一样的乱。这说明孩子一提笔就害怕，知道自己写得慢。我认为孩子有严重的"书写障碍"。他害怕写字，作文写不长，不是因为写不好，而是因为怕写。

　　我给孩子布置写字任务，每天写。在校一页，我督促；在家一页，家长检查。要求一笔一画，还要计时，坚持写一段时间再说。同时我还告诉他的家长要耐心等待，学着了解孩子并与孩子做朋友。后来，孩子在坚持，家长也开始关注孩子，还试着与孩子书信交流等，孩子不仅成绩大幅度提升了，而且自己很多的坏习惯也逐渐改变。

　　　　我的孩子期中考试语文很差，我们急了。我们找到肖老师，他看了我们孩子的考试卷子后，与孩子简单地聊了一下，立刻就找到了孩子学习的症结。他告诉我们问题出在哪了，并且告诉我们如何改变孩子的现状，他还亲自督促孩子。他不仅与孩子谈心，做孩子的朋友，还经常鼓励我做孩子的朋友。认识肖老师，我才知道教育是一件很重要的事情，孩子的问题是大问题啊。我开始耐心与孩子交往，还开始试着给孩子写信。仅仅半个月的时间接触，孩子跟肖老师比跟我还亲，我真佩服肖老师，也非常感谢肖老师。在肖老师身上我看到了一个人民教师的大爱无言的敬业精神！

　　这是家长对我的评价，同时也说明了在教育问题学生的过程中，诊断这一步很关键。其他学科也一样，教师要明白学生的问题出在哪里，才能对症下药，有的放矢。比如八年级的学生数学成绩不好，很多老师抱怨孩子成绩太差，怪孩子上课不认真听讲，下课不完成作业。那么，这个学生数学成绩究竟停留在哪个水准，老师知道吗？他有可能已经完全听不懂老师在讲什么了，更没有能力去完成任何的作业。还有学生在解题的时候，究竟是哪一步出了问题？只有找出问题，老师才能判断学生究竟欠缺什么能力，才可以有针对性地进行辅导和训练。否则，学生成绩只会越来越差，而老师根本不知道问题出在哪里。因此，只有科学诊断，专业辅导，才能给孩子一个明确的方向。

三、未来激励法

很多学生之所以成为问题学生，就是因为他们不知道自己在干什么，而且也不知道自己的所作所为会有什么后果。如果班主任老师能让学生明白自己言行的后果，甚至让他们预见自己的未来，才有可能带来转变。

灿灿，个子高挑，身材苗条，灿若桃花般的笑脸，典型的美女！

当初进入我们班级时，各门功课基础相当差。她的舅舅是校长，于是把她安排到我们班（我们是 B 班，即次重点班）。她初二时曾经带着班上两个女生出走，后被找回。家里人管不住，只好转到这里，希望她舅舅能管一下，安全毕业后再说。

我接触几天后发现她有许多优秀的特质，如自尊、善良、真诚、勤劳等，看到这样的学生因为无知而荒废学业，我真的不忍心，于是我与她进行了一次特殊的谈话。

　　我：灿，你知道吗？你很漂亮！

　　灿：……（惊讶、低头、脸红）

我：真的，老师不骗你。

灿：嘿嘿……（她笑出了声）

我：你听到过哪一个老师当你的面说你漂亮了吗？

灿：没有，只有你。

我：我说的是实话，就凭你的个人条件，走上社会后一定会过上好日子。

灿：为什么？

我：因为外貌，你可以嫁一户好人家，吃穿不愁。

灿：我从来没这样想过！

我：你必须想！毕业后，你准备干什么？

灿：无所谓，走着瞧吧！

我：自己的路在自己脚下，自己的未来在自己手中，你要好好把握！

灿：我又能怎样呢？听天由命吧！

我：老师真诚地希望你想想自己日后的路该怎样走，你也不小了！

灿：……（停顿了一下）我们村里有一些漂亮的女孩，都嫁给有钱人了，而且年龄相差很大。

我：那不很好吗？人家看中了她们的美貌，她们看中人家的条件，各取所需，不好吗？

灿：那多没意思！那有什么感情可言。

我：人们都希望过上好日子，当自己没有能力去实现时，只有出卖自己的灵魂或肉体了，人就这么一辈子！

灿：我不喜欢这样的生活！

我：为什么？

灿：没有自我，像一根藤一样，依附在别人身上，没有意思！

我：但你必须面对这样的生活！（我说得很轻柔，但很坚定）毕业后，如果你没有考上高中，只能出去打工。中国人讲究门当户对，你未来的丈夫也不会比你强多少。即使有特殊情况，你能钓到一个金龟婿，也会有很多波折与磨难。总之，你能落到一户好一点的人家，平安地过完一生，就算不错了。

灿：你能断定我会如你所说的一样吗？

我：我不敢断言，也不希望这样，但我们必须面对现实！一想到你的未来，我就有一种心痛的感觉！

灿：我的事，你痛什么心！

我：你很漂亮，不是一般意义上的漂亮，我不希望你成为一个没有自我的俗人！设想如果你大学毕业，有一份安定的工作，那你的生活将是另一种样子。

灿：那是不可能的，我上不了大学！

我：我不知道你能不能上大学，但是，你可以去努力，因为你有一个好舅舅！

灿：我现在高中都不一定能考上，那太遥远了。

我：一个人的潜力是无穷的，看你是否能将它挖掘出来。

灿：老师，你能帮我吗？

我：……

我拒绝了灿的请求。我说，如果你想有所改变，或者说我们再次谈话，你必须准备半小时。否则，谈不深刻。

周末的时候，灿火急火燎地找到我，一定要与我聊。就在那天，我了解了灿的各科学习情况，并且为她制定了切实可行的学习方案：第一阶段，争取独立完成书本上的习题，如有疑问自己翻书或是请教同学老师；第二阶段，在能独立完成各科作业的情况下，自己为自己安排一些力所能及的课外资料；第三阶段，研究自己的各科情况，合理安排自己各科学习的时间比例。

灿只花了两个多月就完成了第一阶段的学习，她高兴极了。在初三上学期结束时，她已经可以与同学们齐头并进了，这时的她，与我走得特别近，经常主动找我谈心，仿佛亲人一样。我也一直在关注她，帮助她。

一天，灿对我说："老师，我能考上高中吗？"不过，这次眼里充满了自信。我笑笑："你说呢？"她对我莞尔一笑，我能感受微笑里所饱含的自信与感激。我避开她，我不需要什么感激，现在不是感激的时候。

她最后考取了实验高中（市二类高中），当老师们、亲人们大呼意外时，我却相当的冷静，因为只有我知道她的努力与坚定。

虽然后来她与我没有任何的联系，但是，我一直默默地关注着她。如今，她已经大学毕业了，我为她自豪，更为她祈祷！

我不知道我的谈话是否有科学性，但对未来的勾画激起了灿潜在的动力，切实可行的目标也让灿一步步走向成功，让一个高中都难以考取的学生最终考上了大学本科。每当想起那次特殊的谈话，我的心里就充满温暖。很多学生像灿一样基础比较好，就是在某一段时间出了问题，才掉了队。采取未来激励法，让他们开始醒悟，然后给学生制订好补习计划，脚踏实地，每天坚持一点，每天进步一点，每天也就会靠近成功一点。

四、无限宽容法

孩子犯错，上帝都会原谅的。作为班主任，面对孩子的犯错，我们应该平静地对待。只有这样，我们才会理智地给孩子机会。

初教玲的时候，她与娟是"死党"，她觉得我这个老师只关注娟而忽略她，于是对我很有看法，并且与娟的关系也恶化起来。其实，我是觉得娟的问题比较严重，对她关注多一些，同时希望能通过娟的转变，来带动玲以及班级里的其他学生。但是玲不理解我的良苦用心。

每次她看到我总是小声地叫我"猪"，我每次都听到了，但当作没有听到一样，与她微微一笑，然后离开。因为我认为学生对你有看法的时候，你最好不要立刻就去做思想工作，这样说教的痕迹非常明显，效果不会太好，学生表面上没有问题了，其实思想工作更不好做了。一个老师要"知趣"。因为当他们开心或者喜欢你的时候，会更容易接受教育。我一直在等待，寻找机会……

她与娟的关系越来越紧张。记得有一次，班主任要将玲赶回家去，娟跑来问我，是不是我对玲有意见，而在班主任那里说坏话。我当然不会那样做，娟又要我给玲说情，我当时很为娟感动。但是事后不久，学校要将各班的"双差生"组织起来办一个"学习班"，每个班上一个，玲在班主任面前极力推荐娟。前后的事情让我不得不站出来指责玲的不是，好在后来"学习班"没有办成，要不真的不好处理。

经过了这件事后，玲似乎也明白了些道理，态度也变得好起来了。记得一次在课堂上，我从她身边走过，她悄悄说了一句话，我转身微笑着复述给她听。她很惊讶，我继续微笑着告诉她，她以往的很多悄悄话，我也都听到了。我静静地看着她，没有一丝的责怪，而她却面有愧色，似乎无地自容。当天，我找玲谈了一次话。那应该是我与她的第一次谈话，我说出了我对她以往一些做法的意见，同时也告诉她娟对她的好，也说出了我对她的希冀。因为她的基础很好，特别是三门主科，好好学，一定会很出色的。

所有的误会都解开了，后来，她看我的眼神明显地柔和了，对我的态度也变化了，并且多次与同学到我家来玩。

记得有段日子我总看到她在学校食堂吃饭，我开玩笑说，你父母是不是不喜欢你，把你赶出来了，哈哈……她没有还嘴，微微笑了一下。我心里很好奇。后来我在她体育中考后的一篇日记里终于找到了答案。原来她每天早晨起来，父母已经去市场卖菜了，中午回去有时饭菜还没有做好，只有晚饭时才可以一家人在一起。她在日记中写道，她一个人孤独地走进考场，考了17.5分，还不错，总分只有20分嘛。当她回到家里时，母亲在理菜，她问妈妈，你知道我们今天做什么了吗？她妈妈说，不知道。她告诉妈妈，我们进行了体育中考。妈妈"哦"了一声。接着，她又问，你知道我得了多少分吗？妈妈说，对啊，你得了多少分？她说我得了 17.5 分。她妈妈责怪地说，最少也应该得个六七十分吧，真是的！她气愤地对妈妈说，你知道总分是多少吗？她气鼓鼓地说，才 20 分呢！然后，她跑上了楼，扑在床上痛哭起来，为什么妈妈这样不关心自己呢？人家的孩子走进考场的时候，父母一直陪在身边，多么的体贴啊，可……我从这篇日记中看到了一向如男生般大大咧咧的玲也如此脆弱，我对她的关心真的很不够，我很自责。

我借给她批改日记为由，又与她进行了一次简单的谈话。我告诉她一定要理解父母生活的艰辛，尽量让父母放心。善待自己的父母，他们是爱你的。虽然他们很忙，但是我们一定要尽做儿女的孝道。试想，如果你事先告诉他们，什么时候考试，他们也会关心你的。他们很忙，但你可以主动与他们交流。原来对父母一肚子气，现在都化成微微一笑了。我想她应该对父母多了一份理解，也应该知道如何与父母相处了。

虽然玲最终没有考上高中，到武汉读中职去了，但无论如何，有书读，就值得庆贺。后来教师节的时候，她告诉我，她一切很好，没有时间回来看我，只能在电话里祝我节日快乐了。那年教师节，她是第一个祝福我的，而且是电话！

我想，玲的转变最重要的原因应该是我对她无限的宽容，如果我一开始就不冷静，那么也就没有后边的故事发生，更不会有她的转变。

五、积极期待法

只要暂时得不到结果，我就积极期待。是的，孩子的现在不代表他的将来，但我们要为孩子的将来做好准备。每个孩子都希望会有一个美好的未来，那我们为什么不积极地期待呢？

前边提到的娟，就是因为我的积极期待，才有最后的转变。虽然不是在校转变的，但教育的滞后性依然让我们感受到对学生积极期待的美好。

现行的教育评价让我们过于功利，而教育功效的滞后性才真正符合人性的本质与教育的规律。对待问题学生，我认为，第一要行动，第二要期待。就算他们在我们身边没有转变，等到有天他们想起我们所做的一切时，再幡然醒悟也不迟。也许有人说，我们如何判断问题学生转化了没有，如何衡量一个教师的工作呢？难道我们对问题学生的教育与转化是为了得到一定的评价吗？不管怎样，教师，还是有一点良心为好。

六、心灵种花法

除去院了里的杂草，最好的方法不是拔草，也不是下药，而是种上庄稼。教育问题学生也是一样的道理。我们从根本上培育孩子们，在他们脑海里播下爱与责任、自立与自信、感恩与奉献、诚实与善良等这些美好的种子，自然他们的思想领地里就不会长出杂草了。这可能就是"心灵上种花"吧。

李镇西老师在《爱心与教育》里有这样一个故事，有一个学生叫万同，因听不懂课而上课做小动作，扰乱课堂纪律。李老师了解到万同听不懂而又必须坐在教室里，而且还不许做其他的事，这对他来说是多么痛苦！可万同却日复一日甚至是年复一年地在忍受着这种痛苦，李老师要求万同能听懂就认真听，听不懂就看抗日小说《烈火金刚》。好一阵子，万同在课堂上不再捣乱了。但后来又坐不住了，因为语文基础差，有很多字不认识。最后李老师要他抄写，并且将不认识的字写在一张纸上，拿去问李老师。这样，万同有事可做了，课堂上也再没有人来"告状"。很多老师会有疑虑，这样万同能通过初中毕业考试吗？李老师说，他不抄也不会毕业，而且上课还干扰别人。让他有事做，脑子里多少可以装些抗日英雄的形象，何况还可以练练字，并多认识几个字。

我觉得李老师的做法很好，听不懂课，可以不听。或许很多老师、家长会质疑，认为我不是合格的教师，但是设身处地地为学生想想，理解他们的痛苦，万同因为无事而生非，这很正常。他总要找点事啊，所以就经常扰乱课堂纪律。正是因为看小说、抄小说，有事做了才充实，才有了依靠，并在后来终于成绩进步，转变过来。

苏霍姆林斯基说，有些教师相信，要减轻这些学生的学习，只有把他们的脑力劳动的范围压缩到最低限度，如只要求他们读教材，不要看其他任何东西，以免分心。其实，这种意见是完全错误的。学生学习越感到困难，他在脑力劳动中遇到的困难越多，他就越需要阅读。正像敏感度差的照相底片需要较长时间的曝光一样，学习成绩差的学生头脑也需要科学知识之光给以更鲜明、更长久的照耀。不要靠补课，也不要靠没完没了的"拉一把"，而要靠阅读、阅读、再阅读，正是这一点在"学习困难"的学生的脑力劳动中起着决定性的作用。阅读，挽救了他们的成绩，也发展了他们的智力。老师们一定要注意因材施教。

当问题学生听不懂课的时候，老师们一定要理解学生，一定要给他们正确的引导，让他们有事可做。那么不听课了，让他们干什么呢？我觉得应该让他们有事可做，做他们喜欢做的事！他们终将走上社会，他们完全可以在有限的时间里为自己日后的发展做好准备，培养自己很多方面的能力与习惯，为自己安身立命打下基础。而我们首推阅读。苏霍姆林斯基说，一个孩子走进学校并不意味着接受教育，只有当他面对一本书沉醉不已的时候，教育才刚刚开始。教师可以从图书馆或者自己家里找些好书给孩子，提高他们的阅读水平，让他们与大师进行心灵的对话，他们的人格或许会得到升华，树立起正确的人生观、世界观，或许会重新扬起理想的风帆！

有些问题学生基础比较差，如万同一样，很多字不认识，也不喜欢读书。那么要做自己喜欢做的事，但是不影响其他同学，并且还要对自身的修养有所提高，那可以选择练字、画画等，在不影响其他同学的情况下，培养自己的爱好。也可以边抄书，边练字，在书法的美感中感到生活的美，在书法家的故事中感受奋进的动力，这样可以发觉生活其实还有很多乐趣。虽然听不懂老师讲的课，但抄写可以让孩子耳濡目染，还可以积累知识，或许会有意想不到的收获，对日后走上社会有所帮助。

让问题学生有事可做，就是在他们心灵上种花，可能没有直接的效果，但是日积月累，孩子的各种素养在提升，自然就会有转变。

七、班风建设法

我们说，每一个问题学生的背后，都可能有一个问题家庭，其实也有可能有一个问题班主任，或者问题班级。如果真的是我们老师或者班级出了问题，那就赶紧采取"班风建设法"。

首先分别召开班干部、学生代表、学科教师等会议，了解班级真实情况；其次，进行分析，初步诊断，做到心中有数；再次，向学校德育处、教科室等校内专业人士求助，得到科学的指导；接着，制定切实可行的整改措施，交由全体学生以及任课教师讨论、通过；最后执行。经过整治，开始全新的班风建设，对于及时矫正班级发展轨迹，有着重要意义。

"班风建设法"首先需要班主任的自省意识，其实就是专业的反思。有时不一定要等到班级问题堆积的时候才开始这样的做法，班主任随时要关注班级发展动向，及时了解学生反馈，持续进行"班风建设"，这样才能更加有效地促进班级有效的发展。

第十章　如何处理偶发事件

偶发事件是指在某种过程中遇到的事先难以预料、出现频率较低，但必须迅速作出处理的事件。

偶发事件的主要成因：天灾人祸、外来干扰、人际关系冲突、恶作剧、违法行为、感情障碍、性格异常等。

那么班级的偶发事件究竟有哪些呢？按照上面的描述，那么，班级内学生之间的争吵打闹、严重违规、意外伤害、突发病症等都在其中。众目睽睽下事情突然发生，并且影响很大，班主任如何得体地处理，这是一个问题。

一、处理的原则

首先，要及时。

事情已经发生了，班主任要第一时间给学生一个交代，尽快制止事态的发展，以免造成不良影响。有时班主任不一定立刻就能处理好事件，但要拿出初步处理方案，特别是一些重大事故，要先稳定局面。

第一次打架事件

"老师来了！"

学生聚集起来了，看来，班级出事了。

原来两个学生已经扭到地上了，值日的临时班干部姚莹在大声地叫着，让他们不要打了。其他同学有的看热闹，有的没有在意。

很多孩子看到老师来了，都拭目以待，看老师如何处理。新班组建，孩子们与我都需要相互了解。我知道我的一言一行，孩子们都在看着，都在心里把我与他们以前的班主任进行着对比。我站在讲台上，看到严明坐在喻千身上，我看他们只是扭在一起，没有任何的攻击力，就没有理会。姚莹还在嚷嚷："别打了，老师来了。"

同学们都看着我，我要姚莹不要说了，让他们接着打吧。

学生们都莫名其妙地看着我，这两个学生也不好意思地站了起来。我什么话也没说，只在教室里走动。严明伏在课桌上做睡觉状，喻千则装作没事地写英语作业。大约过了五分钟，在学生午睡前，我强调了一些问题，顺便说起了打架的事件。

"严明，你在这次打架事件中得到了什么好处吗？"他觉得我问得奇怪，很诧异。我微笑着说："你扪心自问，你得到了什么？"他摇着脑袋说："没有。""那你又失去了什么呢？"我紧紧地盯着他，他说："没有啊。""没有吗？"立即就有同学说："你失去了朋友。"哈哈，学生告诉了他答案。我接着说："是啊，不仅失去了喻千这个朋友，而且你也有可能失去大家。因为大家不敢要你这样的朋友了，你动不动就拳脚相加，谁敢跟你做朋友？"他深深地埋下了头。

"喻千，你已经不是第一次与人动手了。"喻千气愤地说："他……""我已经给你们说过几次了，不要一出事，问你们就是'他……'什么的，要学着说'我……'。这样才是解决问题的态度，多从自己身上找问题。我不想听你们任何的解释，我不想知道你们为什么打架。我只想问你，这次打架事件你得到了什么好处？"因为有前边问严明的例子，他快快地低下了头说："没有。"

两个家伙都知道错了，我觉得这就够了。我们不就是要教育孩子明白是非对错吗？

"同学们，你们以前的班主任是怎么处理这样的事情的？"

孩子们七嘴八舌，有的说，拉到教室前边、教室外，或者到办公室里去问原因，有的脾气暴躁的班主任还会骂他们。我说："我也可以像你们以前遇到的班主任一样，但是，我不想。我想对严明与喻千说，我刚才什么也没有看到，我也希望我们同学们什么都没有看到，就当什么事都没有发生过，行吗？"孩子们异口同声说："行。""但是，他们如果再犯错，我们班规制定出来后，就严格按照班规执行，绝不姑息。"

作为班主任，孩子们的过错只要没有造成什么恶劣的后果，我认为，宽大为怀最好。

"宽容就像天上的细雨滋润着大地。它赐福于宽容的人，也赐福于被宽容的人。"这是莎士比亚在《威尼斯商人》中的经典台词。希望我对这两个孩子的宽容不仅能赐福于他们与我，更能让全班的孩子们都得到上帝的恩赐，学会宽容与感恩。

2012 年 9 月 5 日

这是新班组建后班级发生的第一次打架事件，学生们都看着，并且都会拿来与以前的班主任比较，这个时候，作为班主任的你必须直接面对，及时处理。

其次，要公平。

这是处理班级事故的基本原则，不能因为班主任的个人情感与好恶，随意做出判断，一定要实事求是，给双方孩子和家长一个满意的交代。

游戏中受伤谁负责

大课间的时候，曾老师带着艾元烨与喻千来到办公室。

只见艾元烨用手捂着左额，有个大包，喻千一脸的委屈。

原来他们在游戏的时候撞了，本来都在奔跑，艾元烨突然停下，于是喻千与他撞了。喻千不仅没有道歉，还说"个苕×"。

我问他们责任在谁，孩子们都很诚恳，都没有将过错指向对方，毕竟是在游戏中嘛。

我说这都有责任，额头有包，问题就不大，会消的。好心的音乐老师还用杯子装热水为他敷了一下。

我说在游戏中出了这样的事故，谁都不愿意，好在问题不大，就摔坏了艾元烨的眼镜。这也告诫大家一定要注意安全。关于赔付的问题，应该是一半一半吧。先进班了再说吧，待会我来处理。

办公室有老师说我不该这样处理，毕竟是喻千撞的，就该他负全责。

对此我真的无法接受，因为孩子们只是在做游戏。

《基于法律法规的班主任工作策略》第79页中指出，根据规定，有十种情形学校不承担责任，其中有一项就是"在对抗性或者具有风险性的体育竞赛活动中意外发生事故"。据此，艾元烨与喻千都在做追赶的游戏中，本来就有一定的对抗性和风险性，发生这样的意外，学校可以不负责，那也就是说这个问题应该是双方的责任。

很多老师说，在学校出的事，当事人、班主任以及学校就有责任，我对此还是不敢苟同。我不想去说服任何人，但是我会认真学习法律法规，真正做到依法执教，而且还要把自己所学到的这方面的知识告诉更多的一线教师。

2013 年 3 月 4 日

出现事故后，班主任一般比较保护"弱者"，给予太多的关注，如言语上的关心、经济上的赔偿等，却往往忽略了给"肇事者"公平的待遇。无论是"弱者"，还是"肇事者"，都是学生，都应该得到保护，都应该受到教育。因此，还原现场，按照相关依据处理为妥。

最后，要利于学生成长和班级发展。

吃一堑，长一智。要学会变事故为故事，让学生们从中受到启发，得到成长，并且使班级朝着理想的方向发展。事故已然产生，不可挽回，但是我们要教会事故中的学生和全班同学，日后如果类似的事情发生，知道如何面对，那么这就是事故带来的教训，以及孩子们的成长。

二、一般处理过程

（一）了解真相

对于班级偶发事件处理的前提，我认为首要的就是了解真相。但是很多班主任处理问题的时候，常常不看真相。比如，孩子之间闹矛盾了，而且还吵架了。班主任遇到这样的问题，一般不是去问为什么会这样，而是反问学生，你们觉得这样好吗，学生自然说不好，不好那怎么解决，最后学生说出一些不痛不痒的解决方案，然后班主任因为了却一桩烦心事，就应允了。在真相是什么都不知道的时候，问题就简单处理了，殊不知很多的隐患却从此埋下。

在不了解真相的情况下，班主任每处理一件事情，就是给班级挖了一个坑，有时甚至是给自己挖了一个坑。因此我特别提出班主任一定要了解事件真相，然后再酌情处理，这样可以对学生进行有针对性的教育，教育的作用才可以发挥出来。

（二）核实细节

事故双方在向班主任汇报事情经过的时候，两人之间一定要对质，达到双方都认可事实为好。如果争执不下，可以利用班长和值日干部在班级了解的情况作为佐证。总之，真相要双方接受，学生认可。

（三）文字依据

事件发生经过最好要形成文字，而且还有当事人的签名。也许有人说，这好像有些多此一举。其实，这是处理问题的凭证，如果不做成铁案，随时都可以翻盘，那再处理就很难了。很多学生会改口供，特别是家长到校后，他们会隐瞒真相。因此做好文字依据，签好名，也是班主任处理事件的重要证据。

（四）联合办公

一般班级事故出现，会涉及方方面面，因此处理时，最好双方当事人、目击者、值日干部、家长、当堂教师、班主任，有时甚至还可以请示学校德育处、团委等一块来处理。很多班主任在处理班级事故的时候，总是觉得很丢人，甚至想尽量地隐瞒，要不是实在对付不了，一般不愿意让很多人知道与参与。其实，这是不对的。联合办公的好处就是将事态的方方面面都考虑到，一次性将问题处理到位，以绝后患。

泼水事件

"老师，"早读进班，汤顺美流着泪向我哭诉，"刘凯旋把水泼我身上了。"

"泼？"我觉得有些不可思议，中间一定有问题。

孩子你一言我一语，我也明白了个大概。

原来汤顺美玩蝌蚪，刘凯旋看到了，就抢走了。汤顺美就要抢回来，于是刘凯旋就举得高高的，不让她拿到，不想水就洒出来，滴到姚莹身上。姚莹属于性格强势的那种孩子，于是狠狠地推了一下，刘凯旋手中养蝌蚪的水就全部洒到了汤顺美身上。

在这个过程中，孩子们隐藏了很多事实，孩子们总挑那些对自己有利的方面来说，并且为自己找理由开脱。

　　孩子们之间的事情，我一般不喜欢给他们做裁判，多年的经验告诉我，班主任在严肃地处理、思考着如何教育孩子，而闹事的双方已经在一起勾肩搭背和好如初了。我接手新班后，也有孩子告状，但看我不理不睬，他们也就作罢，但是今天我还是想说几句。

　　"同学们，我想问问，这个事究竟是谁的错？"同学们大多认为是刘凯旋的错，他不该抢汤顺美的蝌蚪。我反问了一句："真是刘凯旋的错吗？"孩子们异口同声："喻千！"怎么又到喻千头上去了？原来是喻千将蝌蚪带进班的。

　　"放屁！"我大声说。虽然很多时候我喜欢用孩子们常用的口气说话，但是这样当着全班说粗话，还是极少的。"喻千带蝌蚪进班，没有要你们上课玩啊！人家喻千在班上表现不好，你们就把错怪罪到他头上，你们有没有一点判断能力啊！"

　　孩子们一下子安静了下来。

　　"问题的关键在哪里？孩子们，你们上课玩蝌蚪，并且谁都意识不到这是在犯错。班规上不是说了吗？做与课堂无关的事，这是违反了班规的。你们怎么都不觉得呢？

　　"每个人都为自己在找借口，首先你们的行为就错了，这是在课堂上啊。我不是常给你们说'无事生非'吗？一大早进班，不是读书学习，而是玩蝌蚪，引发了矛盾，找老师评理。老师难道就是专门为你们维护错误、鼓励你们上课玩蝌蚪的吗？

　　"汤顺美不该玩蝌蚪，其他人也不该。你在玩，自然就会吸引别人，好在只有刘凯旋一个，要是还有一个来抢，估计会发生打架事件。值日干部不维护早读纪律，学习委员、班长不闻不问，才会有这些事情的发生。全班要是有一个人站出来，都不会发生这些事。同学们，发生这些事，谁的错啊？

"扪心自问，发生这样的事，我有错吗？所有参与者都有错，因为你们藐视课堂，目无班规。班级组建以来，你们虽然有进步了，但是还不够。孩子们，我只要求你们做一个合格的学生，课堂是神圣的，我说过，最起码不要离开座位，不要扰乱纪律。其次才是学习。话说回来，不想学习，无事生非，什么事都会发生。不是吗？"

孩子陷入了沉思。

孩子们的行为习惯不好，我在慢慢地校正。我知道不能急，一步步来。我就是想给孩子们的改变提供一些土壤，让孩子们能够慢慢在班级活动以及自主管理中成长。

一次两次的简单教育，是没有多大效果的。无论你做得多精彩，都只能管一时，只有不停地强化，孩子们才会有所改变。

教育无痕，教育渐进，百年树人难啊。

2013 年 4 月 3 日

这个事件的处理过程，基本遵循了上面的原则，只是没有留下文字的依据，因为事态不是很严重，没有涉及重大责任、经济赔偿、惊动家长等。如果事态一旦严重，必须有文字依据，做到有据可循。在联合办公环节，我与全班学生一起面对问题，对学生进行了教育与引领，增加了事件处理的透明度。

三、处理方法

（一）冷处理

处理偶发事件一般以冷处理为好，不要把它当作什么大不了的事！学生犯错误，很常见，也很自然，班主任如果没有这个心态，那就会如履薄冰，战战兢兢。

我从来不要求学生写检讨，因为效果不大。老师要学生写检讨只是给自己、给学生们一个交代！很多时候，学生知错就可以了。教育最关键的就是要把握教育契机，然后在学生愿意听的时候用他能接受的方式来处理。

2007年，我带初一。班级刚刚组建，课间我去教室，走到门口，看到两个男生扭在一起，你一拳我一脚。面对我的男生看到我了，停止动手。但背对我的男生没有看到，继续在打。面对我的男生愤怒了，心想，老师来了，我都停了，你还不住手。其实，人家根本不知道啊。他们在第四组的最前排打斗，我走过去，在三四组之间的走道上走了一趟，接着，我又在一二组的走道里也走了一个来回。然后，什么也没有说，就走了。其实，有什么好说的，班主任来了，学生知道了，就够了。一天过去了，我没有说什么；两天过去了，我也没有说什么；周五开班会了，我也没有说什么。星期五一放学，我就收到其中一个学生的短信：老师，我打架你为什么不说我？

老师们，这个短信就说明这个孩子已经知道错了，并且深深地自责。我回信：我当时说你会听吗？就这样，我们开始了交谈。我说，如果我当时当着全班批评你们，你们多没面子啊，本来同学们已经在指责你们了，我还有说的必要吗。几天后，我在一次不经意间轻描淡写地提到了这件事，但表明了我的观点与态度，这样就足够了，学生知错就好。

回忆当时我之所以冷处理，是因为我没有想到好的处理办法，再者他们也没有造成什么影响，于是不闻不问，却达到了意想不到的效果，这就叫"无心插柳柳成荫"吧。

（二）热处理

当然也有一些事情刻不容缓，让你必须做出决定。有的是特殊情况与特殊时间，大家都看着你。还有的是因为学生已经直逼你的底线，容不得含糊，就是我们常说的"是可忍，孰不可忍"的状态吧。

孩子，我为什么打你

孩子们练完武术操进教室，我在电脑前，准备播放音乐，让孩子们练习马上要进行比赛的两支歌。

只见喻千气冲冲地从自己的座位上跑到彭雨珑跟前，就是一脚。发现我看着他后，他又踢了一脚。

我迅速向他们走过去，二话没说，对着喻千的脑袋两巴掌抽过去，他一下子蒙了，本能地躲闪。我又是两脚，对着他的腿，把他踹倒在地。

孩子们都惊呆了！

架势确实很吓人，因为我从来不打人，再者，我动作幅度也很大。

其实，打脑袋只是抽了两下，轻重我知道；踹倒在地，相当于绊倒，也不重，而且这小子浑身是肉。

我像没事人一样回到讲台，什么也不说，就看着他灰溜溜地回到自己的座位上。喻千在班上基本上是人人讨厌，前段一直忙于班级整体习惯的养成，忽略了个体的教育，现在是时候了。

过了好一会，我才开始说话。

"我为什么打你？告诉你，第一，你打女生，而且在大庭广众之下。第二，我看到你了，但你完全不把我放在眼里。不要欺负女生，不要漠视班主任，这是最基本的。"

他狡辩说，彭雨珑打他了。我说："我没有看到，就算我看到，一个女生打你，就像一个小孩打一个武林高手一样，你居然还以牙还牙，算什么男子汉！"他愤怒地说，她把痰吐他嘴里了。荒谬，真荒谬。我不相信有这么巧的事。彭雨珑趴在桌子上，很难过的样子。

我布置孩子们自习，彭雨珑依旧趴着，喻千马上拿出作业。他没心没肺的，什么事都不装在心里。

我先找来喻千，问他事情的经过，他说了一大堆的理由。我没好气地说："你拿纸笔来，把事情写清楚。"然后我又要彭雨珑也将事情经过写下来。

在练武术操的时候，喻千听陈款说，彭雨珑的前边是彭雨珑的前男友，然后喻千就要彭雨珑上去亲一口。他们不停地在后边叫"亲一口"，气得彭雨珑最终踹了喻千一脚。

在解散后，彭雨珑从喻千座位旁经过的时候，在喻千的板凳上吐了一口痰，然后想找旁边的同学拿抹布擦掉。喻千以为彭雨珑不擦，就跑过去，吐了一口痰到彭雨珑的桌子上，彭雨珑以为喻千要打他，就又踹了喻千一脚。接着喻千就踹了彭雨珑两脚，就是被我看到的那两脚。

喻千在写经过的时候不承认自己的问题，只说彭雨珑的不对。当我一一核实事件起因的时候，他无言了。他坚持，她踹我一脚，我就要踹她一脚；她吐我一口痰，我就要吐她一口。他从来不考虑问题的责任在谁。

我告诉喻千："你为什么要跟彭雨珑说这种话？陈款说，你也说吗？上次你知道了一个女生的母亲去世了，就大叫你妈妈死了，坟在哪啊。你不知道有些话是万万说不得的。祸从口出啊，这就是你的问题。人家气愤，无论怎样对你都不过分，你还欺负人！"

怕他不懂，我举了一个很简单的例子。"如果我们知道一个人曾经偷过东西，就满街去叫，'这个人是贼'，你知道会有什么后果吗？孩子，随意暴露他人隐私很有可能导致家庭破裂，家族矛盾，还可能会引发更严重的后果！"可能这些身边的假设唬住了喻千吧，他不再言语。

他们两个都上位了，我想起了毕淑敏的《孩子，我为什么打你》，于是在网上搜了出来，并且找了一个语音版，我将文中一些重要的句子都用红线标明，让孩子们清楚地看到。

接着的班会课上，我将事件经过陈述了一遍，然后说出我打喻千的理由，并郑重地告诉孩子们：我们绝对不可以动手打女生，同时也批评了陈款。

　　然后，我播放了《孩子，我为什么打你》的音频文件，同时将文字呈现给孩子们看。我标上红线的几句是：

　　为了让你记住并终生遵守它们，在所有的苦口婆心都宣告失效，在所有的夸奖、批评、恐吓以及奖赏都无以建树之后，我被迫拿出最后一件武器——这就是殴打。

　　我一次又一次问自己：是不是到了非打不可的时候？不打他我还有没有其他的办法？只有当所有的努力都归于失败，孩子，我才会举起我的手……每一次打过你之后，我都要深深地自责。

　　毫不懂道理的婴孩和已经很懂道理的成人，我以为都不必打，因为打是没有用的。唯有对半懂不懂、自以为懂其实不甚懂道理的孩童，才可以打，以助他们快快长大。孩子，打与不打都是爱，你可懂得？

　　然后，我要孩子们拿出纸笔，结合今天和以前喻千在班级的表现，以《喻千，我想对你说》写几句话，有话长，无话短。同时也给全班布置了一个作文题目——《他变了》，这个"他"当然指喻千。"今天是11月的最后一天，我们在12月的最后一天把作文作为元旦礼物送给喻千，希望喻千用一个月的时间来转变自己，我们大家一起监督他，行吗？"孩子们都异口同声答应了。

　　当把孩子们写的话收集起来后，我亲自将这些交给喻千，然后对他说："这些我都没有看，你回去好好看。你可以把今天的事告诉你爸爸，把同学对你的评价也告诉他。如果你怕掉面子，你也可以不给。元旦的时候，如果你觉得自己变好了，再给他看，作为元旦的礼物，也行。"喻千选择了后者。

　　我不知道我做的这些能否让这个孩子转变，但是，我在努力，我也希望我们全班一起努力，不仅喻千，还有几个同学，让喻千给他们做一个表率吧。

孩子，打与不打都是爱，你可懂得？

2012 年 11 月 30 日

遇到这类事件，班主任一定要热处理。此举表明了班主任的底线，爱憎分明，言之有理，也让学生明白错在哪里，而且让全班明白真相。教育学生，既有暴风骤雨，也有风和日丽，两者浑然一体。班主任也要注重个体教育与全面教育相结合，以点带面。

很多老师觉得我不该用暴力，但是，我觉得对于像喻千那样的老油条，当所有方法都不能奏效的时候，这未尝不是一种教育方法。当然，道行不深的年轻班主任慎用。

对于一些经验不够丰富的年轻教师，可以用其他方式淋漓尽致地表达你的愤怒。比如上边的事件，老师表达自己的愤怒，可以用大叫，甚至咆哮都行；还可以捶桌子，制造很大的声响，让所有人不寒而栗。有人说这是无能的表现，我觉得，其实这是老师的悲哀。有些特别顽皮的学生以为老师是不能把他怎样的。当这种情况出现的时候，教育真的很无奈。

(三) 不了了之

班级发生的很多事情，只是学生之间的小摩擦，没有什么大碍。学生的情绪发泄完了，就没事了。比如学生之间的冲突，推推搡搡，或者轻微地动了几下手，同学们拉开了，或者自己散开了，没有造成严重的影响，衣物没有损坏，身体也没有伤害。很多学生事后都很后悔，我觉得学生知错就好，没有造成严重的后果，把问题说清楚就行了，班主任简单评价下谁是谁非，提醒学生日后碰到类似情况要学会制怒、忍让、宽容等，三思而后行。

（四）将事故变为故事

这是艺术性的处理，很神奇。很多班主任听到偶发事件的消息就会很紧张，比如，班级玻璃被砸破了，两个学生打架了，某某同学违纪违规被政教处抓到了，等等。如何处理这些事故，很多班主任一般都会觉得很棘手。

我觉得，事情发生之后，班主任首先不要紧张和害怕，因为事情只是发生了，还不是最后的结果。有人说就算只是开始，那结果如何也是未可知的。但是班主任掌握主动权，让结果由班主任说了算。

事情发生了，你高兴地告诉自己：故事开始了，你作为主角就要登场了，同时你也是这个故事的编剧和导演。你可以让这个故事变得温馨感人，可以让它充满哲理，也可以让它永生难忘，总之，一切你说了算。你有多大的能耐，你就可以把接下来的情节设计得多么有深度。你的知识结构、审美情趣和行动力决定了你面对偶发事件的编剧能力——也就是你将事故变为故事的能力。

有了"将事故变为故事"的念头后，在日后的工作中，班主任可以多多练习，逐渐培养这种力量，相信这将可以改变你的工作思路和生活品质，试试。

四、班内打架事件的简易处理

班级出现打架事件，班主任请不要慌，根据事态的轻重缓急来思考对策。

如果是小打小闹，没有身体、衣物的损伤，也没有"见红"，那么不要大惊小怪。首先，对于打架，我认为不是什么坏事。现在的男孩子越来越多的没有血性，缺乏阳刚之气。曾经听说某省城高中的一个班级，三年内班级没有出现一起打架事件，我感到很恐怖，这就是我们未来的孩子吗？人应该是有七情六欲的，男孩至少要有点血性吧。对于有打架行为的孩子，我一般是比较喜欢的。多年的经验告诉我，这些孩子日后走上社会后不会差。

正因为有这样的一种想法，对于打架事件，我是这样处理的：我知道了，了解基本的情况，简单地说几句就算了。大家想，特别是对于低年级的孩子，当我们在为如何处理他们打架发愁时，人家都已经手拉手，跟没事一样了。社会上的打架事件也是一样，一般熟人拉开，或者各自走开，就没事了。这属于私人之间的事，没有谁做是非的评判。班主任面对孩子的小打小闹，可以不进行严肃的评判与教育，重要的是要关注打架背后的问题，走近学生，了解学生，尽量避免类似的事情发生。

很多班主任喜欢给学生讲打架的危害性，同学友谊，等等，这些应该在平时班级文化建设的时候就考虑。这样才能有效预防与制约打架行为。有人可能说，你不是还提倡打架吗？我是指打架是很正常的事情，没有大碍，但我们要利用班级文化来润泽他们，让学生在班集体中更好地成长。

如果事件闹得比较大，学生完全失去了理性，难以平息，甚至"见红"了，就必须要慎重，因为班主任要给家长一个交代。首先，班主任必须要了解事情的起因经过与结果，且必须是真相，而且必须在家长来之前就掌握。因为如果家长在场时，你再去了解，往往是得不到真相的。如果不需要去医院，那么将打架的双方隔离，由他们各自写出事情经过，同时班主任要到班上了解实情，通过询问、对质等才能拿到一手资料。这一步很重要，因为会影响你对这个事件的处理意见，还会涉及赔礼道歉以及医药费等，对打架双方以及他们的家长都是一种尊重与保护。真相是处理事情的关键，一定要慎重。

最后，需要说明的是，如果事情真闹得太大，班主任已经没有能力处理了，不要硬撑。为什么这样说呢？很多班主任怕影响自己班级的荣誉与个人的面子，怕学校评优时的一票否决，于是不上报德育处或者政教处，这是不对的，很有可能事件会发展到无法预想的地步，造成严重的后果。及早上报，与校方一起来解决，这样既为班主任减轻了责任，其实也是对班主任的一种保护。

偶发事件中打架类最多，也最让一线班主任头疼，以下是我多年来处理打架事件积累的一些经验，希望给班主任们一些启示。

五、相关专业知识作为依据

有些事件涉及某个方面的专业知识，我们必须查阅资料或者向专业人士咨询，这样才可以让事件双方的权益得到保障。

关于低钙抽搐

突然接到电话说谢顺抽筋，我赶紧赶到教室，只见隔壁班的李老师与八年级的张老师在谢顺身边。

孩子们都很紧张，王老师也停止上课。

谢顺满脸都是汗珠，痛苦的样子真让人难受。张老师给他轻轻揉捏着手，我赶紧通知家长，然后带他去医院。

李老师要我用电动车带他去，我犹豫了一会，觉得有些不妥。因为他痉挛，如果在车上发作，会很危险。于是我安排刘凯旋与李恒新扶他一起去医院，我赶回家去拿钱包。

在路上的时候，谢顺的手很僵硬，不时地抽搐，我要孩子们为他拉直，给他揉捏，减轻他的痛苦。

来到医院，谢顺的伯伯、姐姐都已经赶到。值班医生简单检查了一下，说不出所以然来，要我们抱着孩子到住院部去，我坚持不能抱，扶着走为好，以防再次发作。医生坚持，最后他伯伯抱着，没有走两步，就又开始抽搐，只得放下来，让孩子们为他揉捏。

到住院部后，值班医生简单询问后，用筷子在谢顺脚底穴位上刮了几下，孩子就稳定了。然后问诊，吊瓶……

　　医生说这孩子是低钙引起的痉挛，建议到市医院做一个全身检查。

　　我是一个老班主任，处理偶发事件还是有一定的经验的，但经过这件事情后，我越来越感觉到，班主任需要具备丰富甚至渊博的知识。虽然我没有关于低钙抽搐的知识，但是我有打篮球时脚抽筋的经验。一旦出现抽筋，就会将脚绷直，让筋拉直，还有就是揉捏，让肌肉舒展。如果我像那个门诊医生一样，抱着孩子，或者用电动车带他，或许会发生危险。

2013 年 6 月 20 日

　　这个事件中，作为班主任的我如果没有关于抽筋的基本知识，后果不堪设想。班主任应该要具备基本的生理知识和生活常识，同时也要了解相关的法律法规，便于正确处理偶发事件。

第十一章　如何进行家校合作

无论是在繁华的都市，还是在偏僻的农村，家校合作、校园开放，已经成为一种发展趋势，也成为学校的办学特色，但是家长等社会人员出入校园，也确实给学校教育带来了很多的麻烦。

为了减少家校合作的误区，我根据自己二十多年的班主任工作经历，谈一下在这方面的体会。

家校合作的根本目的在于共同关注孩子，让他们身心健康地成长。在应试教育的大环境中，大多家长关注的是孩子的成绩，在身体方面，家长让孩子补充营养，支持锻炼，而家长对于孩子精神层面的关注，微乎其微。班华教授说，班主任是学生的精神关怀者。精神上的豁达开朗，思想上的正确导向，这些都将影响孩子一生。在二十多年的班主任工作生涯中，我的理解就是，让孩子健康生活、愉快学习，应该就是精神的关怀。

家校合作主要是班主任和家长之间的合作，两者之间关系和谐非常重要。关系和谐，一切问题都好解决。但班主任一个人要面对几十个家长，不同的家长和家庭都有其与众不同的地方，首先要尊重，然后才是因材施教，这样才有合作的可能。

在家校合作方面，我坚持以下原则：

一、学校为辅

很多人认为，教育是学校的事，是老师的事，于是，他们将教育的责任全部寄托在校方。我们经常听家长说，老师，我的孩子就指望您了。在这里，我要大声疾呼：家长才是教育的主体，而学校和老师只能起辅助作用。这个关系不理顺的话，我们将陷入一些难以言说的误区。孩子出了问题，老师承担什么责任，学校承担什么责任，如果有责任，怎么去追究？而孩子一旦出了问题，对他家庭的打击是致命的。当你把孩子交给学校的时候，想过这个问题吗？

当你用忙、赚钱等为借口来搪塞的时候，想想林则徐的话："子孙若如我，留钱做什么？贤而多财，则损其志；子孙不如我，留钱做什么？愚而多财，益增其过。"林则徐已经把话说得很明白了：子孙要是贤德而聪慧，把钱留给他反而堕其斗志；要是愚蠢而懒惰，留的钱越多，越是增加其过错。

很多家长认为，好的老师、好的班主任、好的班级、好的学校、好的座位、好的条件等，好像这些就决定着孩子的命运。外因永远无法起决定作用，但说句实话，家长们之所以受蒙蔽，就是因为有些学校在鼓吹这些所谓的优质资源，有的为了招生，有的为了出名。我认为，这一切再好，孩子不学习，都等于零；而孩子努力学习，这些都不是问题。环境重要，但要学会利用环境，而不是迷信。

班主任应该帮助家长理清思路，摆正观念。

二、专业引领

既然家长在孩子成长中责任重大，那么面对一些没有"领证"就糊涂地开始做父母的家长，班主任就需要对他们进行必要的专业引领，了解孩子的成长规律和掌握正确的教育方法。

比如，家庭教育的重要性，父母是孩子最好的老师；还有如何帮助孩子顺利地度过青春期；如何帮助孩子养成良好的习惯等。这些都需要校方专业的引领，班主任的强化。用专业的教育理念武装家长，教育才能事半功倍，孩子才能健康成长。

这些在我们看来很简单，但是对于一般家长来说，接受有些困难，改变起来更是难上加难。除了强化教育理念之外，还可以用一些真实的案例来进行剖析；可以与家长开展交流会，请专业人士进行点评和指导。成功的家庭教育经验进行推广，不成熟、值得商榷的，大家一起质疑、问诊、解决。定期或者不定期地举行这样的交流会，能全面提升家长素质，而且能构建良好的氛围，让家长们真正地开始关注孩子，做专业的家长。

校方可以教给家长一些具体的操作方法，面对孩子的各种问题，有计划、分阶段地进行指导，然后家长及时反馈，把教育的问题当作日常大事来抓。家长改变，孩子方能改变。

三、快乐成长

家校合作的原则目的是要让孩子快乐成长。为什么这样说呢？因为现在很多家长与校方合作就是为了让孩子听话，达到管束孩子的目的。这种合作就是相互告状，监督孩子，孩子怎么会快乐？孩子最怕看到家长与班主任在一起，怕他们告状，这是一种不正常的家校合作方式，没有尊重，就没有引领，更没有和谐的教育。只有让孩子快乐成长的家校合作才是良性的，才是家长、学校、孩子三方都受益的。达成了这个共识，我们的一切言行才会变得温暖而且能让孩子接受。教育在轻松愉快中进行，何乐而不为？

当然，这种快乐的感受需要经常地分享。至于如何做，我想应该不是难事，关键是做不做。只有这样，快乐才可以蔓延，而良好的家校合作氛围才可以构建。

同时，对于一些不配合的家长，班主任要进行及时的沟通，以确保孩子健康成长。其实这就是关注孩子的精神层面，让他们快乐成长。

讲了这些之后，有些班主任可能急了，那到底该如何与家长进行合作呢？合作有以下几种形式：

一、组建家长学校

这是一种很常规的方式。那"家长学校"的职责有哪些呢？

(一) 组建家长委员会，统一家长思想

很多班级家委的组建都不规范，没有正规的程序，也没有全员的参与与投票。做得好大家没话说，做得不好问题就都出现了。一个班级的稳定与发展，很大程度上由家长委员会决定，因为家长的观念左右着学生。班主任要做好班级的工作，首要的就是得到家长的认同，特别是城区的学校。

"家长学校"的第一课，家长如果没有什么事一般都会到场。班主任就要在这个时候，现场说明如何组建家委，并且当场做好如下工作：1. 家长委员会职责、权利、义务等的说明。2. 做家委的条件：责任、能力、时间等。3. 选举程序最好慎重，半票通过。4. 家委分工合作，定岗定责。

很多班主任没有注意这个时间点，组建家委的时候很随意，最后家长委员会不得力，又不好更换，双方很焦灼。在家长都到场的情况下，在班主任的指导下进行家长委员会的组建，对于班级的发展是绝对有好处的。第一次"家长学校"讲座结束，家长委员会组建成功，大家思想上达成共识，就是一个良好的开局。

（二）开设专业讲堂，普及教育知识

家长素质的提升，对学校办学理念的认可，将会有力地促进教育任务的完成。如何教育孩子，这是家长最头疼的问题。有人说，结婚领个证就可以了，但是生孩子做父母，我们却只有一个准生证。生了怎么办？我们做好当父母的准备了吗？有人建议，要领证做父母。虽然是玩笑，但是真要实施起来，或许是一件利国利民的好事。

面对这样的现状，学校要挑起引导家长的重担。无论是班主任，还是校方，定期对家长进行教育专业知识的讲座，普及教育的基本知识，教家长们如何与孩子相处。可以是班主任自己讲，也可以请学校的老师、领导来讲，有条件的学校还可以请全国著名的教育专家来讲。无论条件如何，也不管层次如何，教育知识一定要普及。

（三）推荐专业书籍，指引日常实践

孩子小的时候，家长会和孩子亲子共读，为什么孩子大了，家长却不愿意阅读了呢？如果家长的阅读习惯养成了，家庭教育的能力会大大提升。阅读其实就是学习别人优秀的理念与做法、借鉴经验。班主任可给家长推荐一些家庭教育的经典图书，让他们回去好好阅读。有推荐，最好也有检查与落实。有人说，怎么去检查家长啊？虽然不能像要求学生一样，但班主任可以换一种方式。比如上月推荐了《斯宾塞的快乐教育》，下月作交流。你想，要交流，家长不得不看啊。之所以要检查落实，就是要营造一种氛围，让家长真正投身到孩子的教育中来。

当然，网络上关于家庭教育的文章、视频、音频等，只要是专业的、易操作的都可以推荐给家长，让他们在日常生活中时时学习与实践。

二、组织互动活动

互动活动是学生、家长以及老师们一起参与的活动，其最大的特点就是互动，师生、家校和亲子之间零距离接触，加深了解，融洽感情，大家团结在一起，形成强有力的凝聚力。这种活动不同于一般的班级活动，它要考虑所有参与人员的"互动"，让家长与班主任、任课教师以及孩子们更加的和谐。

（一）策划

互动活动的策划不能班主任一个人闭门造车，最好由班主任组织班委会、家委会以及任课教师一起来商量，这样互动性才可以在活动中得到体现。除了学生都参加之外，家长也一定要尽量参与，争取最大限度地走进班级，了解自己的孩子，支持班主任工作。

活动方案一定要具体细致，包括活动目的、准备、重点、难点、负责人、时间段、内容、程序、拍照、摄像、后期资料收集与留存等，还有安全预案，全部要形成文字，落实到人，具体到点，确保活动万无一失。因为只有良性循环，才可以将互动活动持续地做下去，家校合作才能顺利进行，孩子才能快乐成长，班级也能健康发展。

（二）类型

1. 家长会

这是我们常见的形式，至于如何开展，我想，目的明确，设计规范，效果达到即可。家长会的形式可以丰富多样，讲座、交流、展示等，不拘一格，在实用的基础上，可以增加灵活性、文艺性、趣味性。

2. 户外活动，也就是亲子游

现在一些学校不敢组织户外活动，主要考虑到安全问题。但是如果由家委出面组织，并有家长陪同，那么就没有后顾之忧了。

户外活动地点以及主题由班委与家委共同确定；活动内容的策划，由班委主持；外出车辆的联系、后勤保障等由家委负责；还有一些具体细节以及突发事件，由班主任牵头处理。

户外活动的组织一般要考虑班级发展的需求，参与面一定要最大化。

3. 游戏

校内组织大型的游戏活动，让家长共同参与，在愉快的玩乐中增强亲子之间的感情，融洽师生关系，构建和谐大家庭。现在游戏已经成为集体活动的最佳选择。

4. 家长进校园

家长进校园，走进班级，参与班级管理，协助、监督，以便更加有效地进行家校合作。学校一般可以设立家长接待日或者家长开放日，那一天所有家长都可以走进班级，听课、参观、与老师谈心等，这样便于校方管理与接待，不然大批家长涌进校园，管理不好会带来很多弊端。再就是平时的班级活动、班会等，都可以让家长观摩，甚至可以让家长参与组织与策划，或者主持、主讲等。

5. 家访

在信息高速发展的今天，人与人之间的联系日益多元化，电话、QQ、微信等方便快捷，再加上班主任老师在家长心里绝对权威，孩子有什么事，班主任一个电话，家长就跑到学校。但我认为请家长不如去家访。这样不仅显示了班主任的主动与诚心，而且也消除了隔阂，为家长的配合打下了基础，更为重要的是，只有走进孩子的生活环境，班主任的工作才可以有的放矢。这年头，能去家访的班主任太难得了，真的希望大家能像湖北的老师们一样，课内比教学，课外访万家。

家访有几点要注意：第一，班主任一定要征得孩子的同意，最好是接受孩子的邀请为好。第二，谈话的内容最好要先与孩子交流，希望达到什么目的，让他有心理准备。第三，千万不要告状，虽然班主任有告知权，但是要慎用。第四，让孩子真心地喜欢你的家访。做到这几点，我想家访才能真正达到育人的效果。

（三）组织

在互动活动组织过程中，需要注意两点：

1. 安全问题。安全问题是重中之重。学校之所以不敢组织大型的外出活动，就是怕出安全事故，就是校内的活动也要做好安全预案。首先排查安全隐患，其次预测可能出现的安全问题，最后形成文字，做成预案，落实到人。

2. 应急处理。计划赶不上变化，很多时候活动设计得很完美，但实施起来不仅有难度，而且还会出纰漏。那么最好设计两套方案，以免意外发生。活动组织起来不容易，而只有组织好了，日后开展活动，大家参与的积极性才会比较高。活动组织过程中，绝对不要出现人为的失误，同时做好出现自然灾害的应急措施。

（四）后期

一个活动策划、组织、实施都很圆满，很多人就以为活动结束了。其实，后期工作也很重要，将活动的意义进行延伸，影响会更大。

1. 资料留存

保存活动的策划、预案、组织等的文字依据，作为日后借鉴和研究的凭证。同时保存好学生对活动的反馈文字。

2. 照片整理

活动照片有专人拍摄的，也有家长、老师和学生自己拍的，这些照片就是整个活动的全貌。很多班主任忽视这个问题，导致最后找不到几张像样的照片。收集照片后，最好做成电子相册，保存在网页上，让孩子们都可以看到。这样整个活动随时都可以再现，精彩永存。

3. 主题延展

活动结束后，班主任最好要求孩子们利用写作的文字进行交流，也算是对活动的总结。班主任要做好提升，肯定那些体现同学友爱、班级荣誉、自强自立等的细节，对个人以及团体进行表彰，彰显正能量。这样就可以把活动的意义推向一个更高的境界。留下的照片、事迹等都会成为班级生活与未来记忆的经典。

三、搭建交流平台

与家长交流畅通，平台很重要，而且各种平台的综合运用，可以让信息得到更好的传播与渗透。

（一）网络

1. 网站、博客、微信公众号等

现在网站和博客有些落伍了，微信公众号流行了起来。不管怎样，班级活动中的图片以及文字，都可以在这样的平台展示与呈现，做成孩子、家长和老师们的精神家园。

2. QQ 群、微信群

这是教师与家长日常的交流平台，教师可以在上面布置作业、公布成绩、发布通知等。但是教师要对平台进行规范管理，杜绝不良内容。

（二）纸媒

1. 班级刊物

手机电脑虽然使交流更方便，但是信息碎片化，不利于长久保存，班级刊物很好地弥补了这个缺点。每周或者两周出版一期，让家长学生随时领略班级风采。一份纸质刊物能很好地呈现班级风貌，更是一份成长的记录，同时也是献给未来的回忆。

2. 师生共写

文字的交流，永远是最温暖的，也是最深入人心的。通过学生的随笔、日记、作业等，班主任与学生进行文字的交流。所谓"共写"，就是师生共同用文字来编织有意义的生活。这不仅仅是师生沟通的良好途径，更是家校交流的一个创举。

（三）通讯

这是教师与家长交流的常用方式，就是信息和电话。保持畅通最重要，随时注意更新。

家校合作过程中，班主任还需要注意两点：

第一，与家长交往，不卑不亢。

家长与教师因为孩子而结缘，并且要一起走过好几年。家长对班主任和老师除了尊敬之外，更多的还有一些顺从。他们总是希望自己的孩子能得到班主任的青睐，多一些关照，班主任的话在家长那几乎如圣旨一样神圣，家长总是竭尽全力去做。有些家长甚至请客送礼，千方百计跟班主任套近乎。而有的家长有权有势，班主任有一些私人要求的时候，反过来要求这些家长。

很多时候，班主任、家长之间的交流就存在着做作、虚假，甚至违心，这种不正常的关系，让双方都尴尬。在这样的状况下，我认为班主任要做到不卑不亢，以学生为重。

第二，强化角色意识。

有些班主任凡事都指望家委会，学生一有事，就通知家长。时间一久，班主任产生了依赖性，而家长也逐渐害怕接到班主任的电话与消息。而更为严重的后果是教师责任不明确，教育功能逐渐丧失。教师是教育专业技术人才，如果不能传播科学的教育观，对学生和家长进行人性化的引领，这是学生成长的一大损失，也是教师的失职。

在家校合作日益密切的今天，班主任一定要明确身份和强化责任，对家长进行正确的引领，为学生创造和谐的教育环境。千万不要过分依靠家长，该班主任做的事绝不推脱。教育，我们是专业的，这点毋庸置疑。无论怎样，教师的身份与教育的角色，一定要明确，而且要强化。这才是教育之幸，学生之福。

第三，有针对性地做好活动策划。

前边也提到了活动的策划，这里我想强调的是，家校合作的策划一定要注意从大局出发，利于班级的发展，针对性要强，如果是用具体活动来解决班级中存在的问题，最好有反馈，看是否达到预期效果，对学生有没有触动。有时可以放弃一些暂时不太重要的事情和个人，只围绕活动的主题来进行。也许有人会问，这样是不是会牺牲一些孩子的权益？不是，从大局出发，创设良好的班级环境，反而对个体的成长更有帮助。

家校合作中的一些活动，就是为了解决问题，给每一个人留下美好的回忆与深刻的反思，对每一个人的成长都有利，这才是成功的活动。

第十二章　如何做好毕业课程

　　这不是一篇完整的文章，也没有对素材的提炼，只是一组活动的材料。为什么这样呈现呢？因为谈到"课程"，我就有些心虚，自觉难以胜任，因此原生态呈现，唯愿这些材料能给一线老师们一些启示，希望一线班主任能带领着孩子们开开心心地取得好成绩，身心健康地毕业，为青春靓丽留下一抹难忘的色彩和感动。

　　这则材料是我策划的一次大型活动，冠以"课程"，实在有些夸大其词，但是叫着顺口，也就罢了，姑且这样叫吧。虽然发生在初中，读者可以迁移到小学和高中，学段有不同的特点，但道理是相通的。

——写在前面的话

"毕业课程"策划草案

　　面对即将来临的中考，九年级学生压力日益增大，表现出不安、易怒、浮躁，沉不下心来。升学的压力、家庭的期冀、离别的情绪、青春的躁动等，都让他们难以平静。如何让孩子们顺利度过人生的第一道关口呢？学校特地开发了"毕业课程"，在紧张备战中考的同时，希望能帮助孩子们身心愉悦地度过最后一个多月的时间，让他们满怀感恩的心，带着对未来的憧憬，将最美好的记忆留在母校。

一、课程目标

把最美好的记忆留在母校，将最真挚的情感留给初三，让最开心的感觉留在今天。

二、课程时间

百日誓师——离校，每周保证一节课的时间，一共五周，共计两百分钟。另外每天中午、晚上播放歌曲各十分钟，共计一百分钟。总共三百分钟。

三、活动安排

第一阶段，成立"毕业课程"领导小组，明确分工。

第二阶段，布置"毕业课程"，各班级根据实际情况，选择适合本班的活动。

第三阶段，各班着手策划班级活动，有计划，有落实，注意文字、影音资料的收集。

第四阶段，各班组织毕业主题班会。

第五阶段，各班上交主题班会资料，年级组汇总，遴选感人至深的内容作为毕业典礼上的节目，并根据各班提供的资料制作毕业纪念短片，为毕业典礼做准备。

第六阶段，毕业典礼及校园送别。

四、活动策划

（一）中考动员，誓师大会——开始毕业课程

距离中考一百天的时候，很多学校都有中考动员的誓师大会，其实就是开始给学生敲警钟，让本来已经疲惫不堪的学生更加紧张。这个时候启动"毕业课程"无疑给学生带来了福音。校长可以在动员大会上提出课程的一些构想让孩子知晓，整个课程设计步步精彩、处处惊艳，让孩子们在感动、憧憬、励志等美好的感觉中顺利地度过中考。

（二）家校合作，统一思想——为毕业保驾护航

中考动员会议的时候，班主任可以通知家长来到学校，告知他们孩子的现状，避免家长期望过高给孩子带来压力。班主任给家长提供科学的建议，统一思想，家校合作，让孩子顺利毕业。

班主任还可以给家长写信，提出希望和建议，然后让学生带回家，家长签字后回收，尽可能地做到统一思想。可以每个班主任自己写，也可以学校统一写。

特别值得一提的就是关于学生生活起居的问题。到了中考最后关头，家长给孩子极大的压力，导致孩子的生活习惯都乱套了。校方和班主任一定要给家长正确的引导以及具体的规定，比如确保睡眠、锻炼。还有关于三餐的问题，家长为了给孩子补充营养频频送餐。为了不影响孩子正常的学习和生活，校方应与家委会商量，家长轮流值日，集体送餐，并规定时间、分量、价格、程序等，便于统一管理，这样才能真正为毕业生保驾护航。

（三）明确目标，确定方向——理想前途教育

人人有目标，人人有事做。为了达到这个目标，在最后一个月（或者提

前一月），班主任要求全班每个孩子都写下自己短期的奋斗目标，然后，班主任尽量找每个孩子谈心。主要围绕孩子目前的状态，以及日后的打算，家人的期望等，让他们明白自己的处境与方向。这样，每个学生都知道了自己当前的处境与努力的方向，避免无事生非。

中考只是成长过程中的一个阶段，并不能左右未来。班主任应教孩子将中考纳入生命的全过程看待，这样他们能及时调整心态，不计较一时得失，为未来做好准备。

（四）轮流值日，定格美丽——今日我最大

这个活动争取让每个学生都经历一次，分配给每个学生的时间是一天。在这一天，他担任班主任，班主任做他的助手。第一，他要负责一天的班级管理工作，如锻炼、就餐、清洁、午休等，还要处理班级的偶发事件，他可以组织学习、训话以及与学生谈心等。第二，他要在当天的晚饭后或者晚自习后与班主任谈心，谈他这一天的感受，以及准备怎么写班级日记。第三，他要负责及时撰写当天的班级日记，并交给班主任面批面改，最后誊写到统一的稿纸上，张贴在班级的墙上进行展示。这样做有很多好处，比如培养学生对班级的感情与责任感，加强与同学以及班主任的联系，培养处事能力以及写作能力等。第四，他可以在不影响正常学习与作息的情况下，组织一切有意义的活动，比如召集学生做游戏、观看视频、表演节目等。

如果时间有限，可以两人、三人同时一天值日，让孩子们自己去协调与组织。总之，在不影响正常学习与生活的前提下，这一天他说了算。

（五）铭记感动，珍藏记忆——毕业备忘录

班主任号召与发动学生根据自己的实际情况，在毕业前完成三至五篇回忆性文章，以在校的生活为内容，一者进行作文训练，备战中考；二者，班级可以将这些文章收集整理成册，给学生一个美好的回忆。主题大致有：美丽校园、身边故事、难忘师恩、同学情深、成长在线、我爱我家、毕业赠言等。学生可以利用课余时间完成，保留对母校最美好的记忆。

各班可以收集本班学生基础年级的照片、视频等资料，还可以录制小视频，祝福、感恩、活动等均可。最后做成电子相册、毕业视频等，在班级毕业主题班会上展示。

学校也可以组织摄影专班，在毕业年级中开展"将最美的笑容留在母校"的活动。政教处组织教师，每周安排一个专门的时间段，对毕业年级的各班进行拍摄，也可以对师生进行参访。拍摄内容要有统一的、系统性的主题策划，避免盲目。

(六) 身心调整，科学备考——学法小指导

首先，不要让任何一个学生掉队，配合学校的理想前途教育，让孩子们都充实地度过初中生涯。

其次，采用以测试代替训练的方式，提高学生的应试能力，每两周一次模拟测试。

再次，学生在完成教师当天当堂的任务外，可以根据自身实际情况进行自主学习。不要求学多少，只要每天都进步一点，那么也就离成功更近了。

学校备课组制订具体做法，以指导学生最大程度地发挥自己强势学科的优势，减小劣势学科的损失。

最后，教师指导学生研究考试纲要与试题，将有效的时间与精力用在最有价值的复习与训练上，苦干加巧干，争取最好成绩。

备考主要就是考、讲、练，虽然很枯燥，但教师要让学生心平气和地静下来反思，磨刀不误砍柴工。

(七) 心怀感恩，从我做起——做好一件事

心怀感恩，为同学、父母、班级或者学校，做一件力所能及的事情。精

心策划，富有创意，注重文字、图片、实物等作为资料留存。

活动规模可以尽量大，形式也可以丰富多样，比如倡议、展示、评比等。

(八) 竞技体育，增加活力——运动解压法

竞技体育活动可以增强学生团队意识。比如全校利用课外活动时间，统一组织毕业班级之间进行篮球比赛，老师也可以参加。

这类活动对于班级的团结稳定、同学感情的加深、学习压力的缓解以及师生关系的融洽等都有好处。只需四十分钟，就可以让毕业年级全体师生充满活力，不妨一试。

(九) 歌声飞扬，叶露心迹——每周一歌

最后几周，每个班级可以在午饭后和晚饭后，或者下午上课前和晚自习前，播放一些歌曲，最好每周固定一首曲目，以此舒缓孩子们紧张的情绪。歌曲挑选励志的、感恩的，最好是孩子们喜欢的流行歌曲。

(十) 步步精彩，处处惊艳——常开微班会

小活动，小游戏，十分钟左右，即可缓解身心压力。班级可以自行组织，最好是学生自己策划，也可以配合"今日我最大"活动。孩子们在紧张的学习之余，得到适当的调剂与放松，在紧张的学习之余，依然能感觉生活的美好甜蜜、校园的多姿多彩。

(十一) 最后一课，师生话别——毕业主题班会

毕业前，班主任上"最后一课"。三年的生活镜头一一闪过，生生之间、师生之间面对面尽情倾诉。

主题班会围绕"感恩"和"憧憬"两个话题，可以设计解开千千结、回忆师生情、展望未来路等环节，让学生和老师在面对面互动交流中达到师生、

生生的真心倾诉，进行树立理想追求、坚定进取信心、进行心理疏导的目的。"三年来你最感动的事情""三年来你最抱歉的事情"，一些看似平常的身边琐事在这里都找到了定位。班会的主旋律应该是"坦诚""倾诉""握手""拥抱"等，让孩子们真情流露。

主题班会结束后，孩子们将全部卫生区仔细地打扫干净，为学弟学妹们树立良好榜样。

很多学校会在学生中考前举行大型的联欢晚会，我不主张，为什么呢？因为这种活动会牵扯太多学生的精力，同时学生情绪太亢奋，很难调整过来。我建议开个座谈会，吃点心、水果等，聊聊校园、师生等美好的过往，温馨又从容，平稳过渡。中考后，再行组织大型的联欢，最好在成绩没有揭晓前，让每个孩子都尽兴，真正地放松，疯狂一次。

（十二）临考技法，平衡心态——中考前指导

学校组织学生进行考前心理辅导与考试技巧指导，缓解学生的焦虑情绪，讲解考试技巧与注意事项。

如果条件不允许，学校可以在中考前组织各学科备课组长撰写"考前须知"。学校审定后，中考前分发给带队老师。最后统一为学生做考前辅导，确保万无一失。

学校发动每一个教职员工，关心考生的情绪。中考带队老师注意每次考完一科，要提醒孩子们不要把情绪带到下一场的复习应考中去。这很重要，学生只有保持愉快的心情、积极的心态，才能真正考出成绩，测出水平。

（十三）整合资源，毕业典礼——全校大联欢

这是一场经过精心策划，由教师、学生、家长、社会人士、媒体、上级领导等一千多人参加的一次盛会。没有传统意义上的主席台，也没有千篇一律的会议程序，取而代之的是同学缘、父母恩、师生谊、母校情、壮歌远行

等几大板块的精彩演绎。

随着背景音乐的响起,学校政教处精心策划制作的视频短片(记录着学生三年生活)开始播放。内容可以根据各班级提供的素材来决定,以感人难忘的材料为主。

文艺节目,表达心愿。师生互动,增进感情。兄弟情深,挥泪告别。难忘母校,铭刻在心。图片展示,影音回放。

最后,毕业年级学生传递本班班牌,交给班长,再传递给下一届的班长,将爱与责任传递。

(十四)毕业在即,校园送别——离校仪式

毕业生们走出大礼堂,基础年级的学弟学妹们早已等候在校道两边,手舞鲜花列队欢送,两边的大字标语显得格外醒目。在鲜花、掌声、祝福中,毕业生昂首阔步,开始了崭新的旅程。

出大礼堂后,毕业生向后绕校园一圈,来一个"校园巡礼"。毕业生排着整齐的队伍,缓缓而行。耳边有音乐,更有一段引人回忆的解说词。田径场、教学楼、篮球场、宿舍、食堂、校门……一一解说,勾起孩子对往日的回忆,让校园在孩子的心里定格。

"校园巡礼"时,基础年级的学生站在校道两旁,最后送毕业生出学校的是他们的老师、班主任、校长。家长也在校门口迎接自己的孩子,深情拥抱,然后师生挥泪告别……

媒体、摄像等全程跟踪,记录这神圣的一刻,后期专业制作,在孩子们再度返校领中考成绩单的时候分发。学校成为孩子、家长心中的骄傲!

五、活动说明

毕业课程涉及的活动,除了全校的大活动之外,班主任可以有选择地去做，五个左右，丰富的活动可以有助于学生放松身心，昂扬斗志，但过多的活动会分散学生的精力。

六、资料收集

所有活动都要有翔实的文字资料，以及影音资料，有活动中的记录与感悟，还有学生活动的反馈，这样利于调整思路，改进提高，也利于课程资料的整合。

毕业典礼及离校课程设计草案

流程	节目	场景描绘	筹备	负责人
准备	会场布置	"回忆、感恩、憧憬"背景墙	背景墙制作 会场布置 文艺节目收集	团委
	校门口布置	彩虹门、红地毯、车辆摆放以及秩序的维持	彩虹门租借、设计 红地毯 车辆摆放维持人员 秩序的维持人员	政教处
	校园巡礼	班主任、年段长陪同学生一起走	体育老师维持秩序 七八年级班主任维持两边列队	政教处
一	学生入场	校长带领全体九年级教师在礼堂门口列队欢迎学生入场,握手、拍肩、拥抱、祝福等	八点半,校长、教师等必须到场,体育教师指挥排队	校办
二	教师入场	以最热烈的掌声欢迎亲爱的教师和校长进场	全体起立,听主持人指挥	主持人
三	播放纪录片	唱完国歌后,开始观看三年校园生活的纪录片	纪录片	政教处
四	毕业生代表致感恩词	全体九年级教师上台,班主任前排,接受学生献花,然后学生行三鞠躬谢师礼:一鞠躬——代表我们对老师的感谢;二鞠躬——代表我们对老师的不舍;三鞠躬——代表我们对老师的祝福。	毕业生代表的人选及讲话材料 鲜花,教师人手一份 鞠躬礼时全体学生齐声说:老师,你们辛苦了!老师,我们爱您!老师,愿您永远年轻!	政教处
五	教师代表致辞	送祝福,寄希望	教师代表人选以及讲话材料 教师集体节目	校办

续　表

流程	节目	场景描绘	筹备	负责人
六	师生、家长等自由发言	或许，你是个不善于表达的人，但这是最后的机会了。有些话，不说出来别人是不会知道的；有些话，不说出来你是会后悔的。面对老师，面对昔日的同学，明日的朋友，让我们勇敢地说出自己的心里话吧。	发言人员坐前排，便于话筒传递	政教处
七	毕业宣誓	我是＊＊学校的毕业生，我将牢记学校的……	撰写誓词 宣誓人的选定	校办
八	校长致辞		校长发言稿	校办
九	学生节目	内容丰富、形式多样	服装、节目、音乐等	团委
十	教师节目	有代表性	人选的确定	团委
十一	离校仪式	毕业生们走出大礼堂，七八年级的学弟学妹们等候在校道两边，手舞鲜花列队欢送，两边大字标语显得格外醒目。 出大礼堂后，毕业生向后绕校园一圈，来一个"校园巡礼"。毕业生排着整齐的队伍，缓缓而行。耳边有音乐，更有一段引人回忆的解说词。田径场、教学楼、篮球场、宿舍、食堂、校门……一一解说，让校园在孩子的心里定格。 "校园巡礼"时，校道两旁是七八年级的学生，最后送他们出学校的是老师、班主任、校长。家长也可以离开校园，在校门口迎接自己的孩子，深情拥抱，然后师生挥泪告别…… 媒体、摄像等全程跟踪，记录这神圣的一刻，后期专业制作，在孩子们再度返校领中考成绩单的时候分发。学校成为孩子、家长心中的骄傲！	1. 学生队伍集合，以及队列安排 2. 各班鲜花、气球、彩纸等的准备 3. 解说词撰稿人、解说员要落实到人 4. 摄影、摄像等安排 5. 话筒、音响等设备 6. 解说背景音乐，以及离校时播放的歌曲	政教处
十二	活动全纪实	毕业典礼及离校课程纪录片制作	联系广告公司，写好策划文案	校办

毕业生离校欢送仪式要求

一、班级之间必须无缝对接，班主任组织好纪律，保持好队形。

二、各班自行准备鲜花、气球、彩带、条幅等物品，以增加气氛。

三、各班准备好一句送别的祝福语，当九年级学生走过的时候，全班一起高呼。

四、七八年级教师可以加入学生队伍，也可以到校门口，加入教师送别队伍。

五、九年级学生走过后，七（1）班、七（2）班、八（7）班学生到校门口路队两边，加入送别队伍，这三个班的班主任组织好学生，其余班级学生原地不动，听候指挥退场。

欢送毕业生离校条幅标语

一、今日我以母校为荣，明日母校以我为豪

二、祝毕业生鹏程万里扬帆远航

三、毕业了，祝贺你又站在了人生新的起点上

四、心有多大舞台就有多大

五、一朝师生情终生缅于怀，学子闯天下母校候佳音

六、校园栀子花开离歌响起，祝福全体毕业生们！

七、母校将永远在原地看着你们远去的背影，默默地祝福你们

八、挥手道珍重昂首笑春风，情留校园里心系大天地

九、我们今日是桃李芬芳，明天是社会栋梁

十、昂首走天下母校留心间，留恋总在回眸时

十一、牢记同学友情，青春的成长与记忆永不磨灭

"校园巡礼"解说词背景音乐（伴奏）

《斯卡布罗集市》（口哨版）

《毕业生》（理查德克拉德曼钢琴版）

《假如爱有天意》（卡洛儿小提琴版）

典礼会场空闲播放

《毕业歌》额尔古纳乐队

《永远的兄弟》

《永远的画面》

《相亲相爱的一家人》

《时间都去哪儿了》

《朋友，别哭》

离校广播播放歌曲

《祝你一路顺风 》吴奇隆

毕业生誓词

主持人：同学们！今天，我们就要毕业了，母校三年，我们树立了自信，懂得了感恩，学会了做人。在这特殊的时刻，我们万分激动，请大家举起右拳，跟我宣誓：

我是某校某届毕业生，今天向母校庄严宣誓：

我将永远铭记师长教诲，

维护母校荣誉；

我将遵纪守法，诚信做人，

崇尚科学，潜心学习，

用自己的青春和热血，

谱写人生壮丽的诗篇；

我将肩负时代使命，勇担社会责任，

用聪慧和才智奉献社会，

报效祖国和人民。

我将时刻牢记，

我是某校的毕业生，

今天我以母校为荣，

明天母校为我骄傲！

一系列活动，全校师生都参与进来，让紧张、忙碌、揪心、难熬的备考，变成温馨、感动的回忆，让毕业年级的学生心情放松、科学备考。这将会给学生注入强大的正能量，同时也让师生的生命因此而丰盈。